현대시세계 시인선 005

에드바르트 뭉크의 꿈꾸는 겨울 스케치

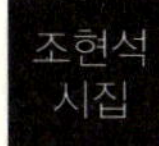

에드바르트 뭉크의 꿈꾸는 겨울 스케치

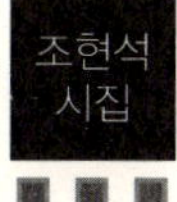

bookin
2012

흙 속에, 바람 속에……

또는 물 속…… 그 어디에도 계실

어머니를 위하여

自序

시인이란 이름을 얻은 지 25년, 첫 시집을 발간한 지 20년이 흘렀다. 그러나 시를 발표하며 기쁨과 슬픔, 또 좌절과 자괴감까지 내 것으로 만들며 시인으로 산 것은 정작 10년도 채 되지 않은 듯하다.

그토록 바라던 신춘문예를 통해 시인 자격을 얻었을 땐 이 세상 모든 것을 다 가진 듯 기뻐했던 기억이 새롭다. 그 후 5년이 지나고 첫 시집을 손에 쥐었을 때 마음껏 기뻐하지 못하고 느낄 듯 느끼지 못할 듯한 아주 미묘하고 씁쓸한 감정을 가졌던 것이 떠오른다. 그 후 세속의 욕망에 휘둘려 15년 가까이 시와 멀어져 지냈던 시절도 다시 오래 된 흑백영화처럼 빠르게 눈앞을 스쳐간다.

초심初心, 그 처음으로 돌아간다는 것은 참으로 힘들고 고달픈 일이다. 시보다 늘 먼저였던 삶의 굴레가 발목을 잡고 있었기 때문이라는 변명은 스스로 생각해도 안쓰럽다. 1990년대 초반 펴냈던 첫 시집을 내 출판사 북인에서 다시 펴낸다. 시 곳곳에 쓰인 한자를 대부분 한글로 바꾸었고 꼭 살릴 한자만 그대로 두었다. 그리고 좋은 시를 쓰라고 옥고로 격려해준 성민엽 선생의 해설 역시 그대로 실으며 또 한 번 감사를 전한다.

첫 시집 마지막 교정을 볼 때 아름다운 세상으로 떠나신 어머니가 새삼 그리운 날이다. 아직도 "흙 속에, 바람 속에……/ 또는 물 속…… 그 어디에도 계실/ 어머니를 위하여" 오래 남을 시를 써야 한다. 다짐한다.

2012년 경칩에

조현석

|차|례|

2부

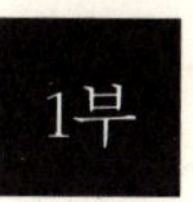
1부

벽에다 묻는다

모든 길이 끊겨 있었다 끊겨진
사방팔방의 길을 둘러볼 여유 없다
어디에 길을 물어야 갑자기 잃은 길을
되찾을 수 있을지

허공에 대고 묻는다 벽에다 묻는다
표지판에다, ……대답은 없다 없다

누군가 해놓은 말이 생각나 그리로
가고 싶다, 가고 있다, 오래된
책 속에 길이 있다는 점잖은
말을 믿고, 길을 찾으러 삐꺽이는 문을 미니
이 말 저 말 혼란하게 날뛰는 꼴이 뒤틀려
되돌아나오려 하는, 그곳에
너무도 많은 것을 두고온 것 같은데
나는 늙지 않았는데…… 나무들은 검게 마른
잎을 떨어뜨리며 들어온 길을 가려버렸다

도시의 외곽 마르고 검게 병든 나무들 사이
흔들거리는 신호등 — 빨강, 파랑, 초록의 불
모두 켜져 나올 곳을 찾지 못하고
맴돌다, 주저앉고 말았다

오피스텔

블라인드를 뚫은 마약 같은 햇빛 속에서 눈을 뜬다
정액(냄새) 무늬의 투박한 소파, 꼼짝 않고 따가운
눈만 뜬다 오전 아홉시의 철문 틈에 낀 신문엔
피냄새 흥건하다, 일제히 울리기 시작하는 열 시의 전화 두 대
나는 부재중, 부재중이라니까! 벨은 숨소리를 멈춘다 이후부터
느리게 흐르는 시간, 책상에 앉아 내년 달력 제작중
반나체의 여자들을 계절에 맞는 풍경 위에 여럿
얹는다, 납작납작 엎드린다, 깊은 잠, 들추기 전에 깨지 않을
늦은 아침을 겸한 점심, 창가에 선다 철문이 뱉어내는
풍만한 가슴과 흔들리는 엉덩이의 구로공단 여공들, 스모그 자욱한
골목에서 사라지고, 시멘트 바닥에 나타난 바퀴벌레의 뒤를 쫓다가
들어오게 된 황량한 교정지의 들판 시끄러운 단어 몇 개와
잡초처럼 들쭉날쭉한 낱말을 베거나 뽑아버린다 여공들은 어디로
갔는지 잡동사니 너절한 옥상엔 그녀들의 속옷만 펄럭인다
오후 네 시, 머릿속을 헤집는 수마睡魔, 창문 틈새를 비집고 들어와
방 안에서 날뛰는 여자의 웃음소리, 간밤의 몽설夢泄이 아랫도리 적신다
달아오르는 얼굴, 거울을 본다 울리는 전화벨, 아득하게

어두워지는 오늘, 너무 익숙해, 음악을 듣는다
진흙 속에서 허둥대는 모습 같은 흑인 영가
색소폰 연주, 반야심경 느린, 사물패 소리, 치렁치렁 귀에 감긴다
술에 젖는 혼자인 실내, 혼자인 어둠, 혼자인 잠
혹은 혼자 순간의 죽음으로 달려가는
시간은 너무 빨리, 흐른다 다시 마약 같은
블라인드를 뚫고 든 햇빛에 눈만 뜬다, 온몸이 따가운

오피스텔에서의 하루

삐이 — 오늘도 역시 없군요 바빠서 용건만, 전에 맡긴 광고건으로
무거운 눈썹을 밀어 올리며 어둠이 가시지 않은 실내, 둘러보는 그
　　　　내일 오전까지 연락이 없으면 다른 대행사에 의뢰하겠으니……
가슴에 꽂혔던 만년필을 집어던지는 그(못처럼 벽에 꽂혀 녹물 흐르는)
삐이 — 좋은아침입……, 안녕하십……, 어색하네 기원전 신용카드
　　　　췹니다 당신의 신용카드는 더 이상 쓰실 수 없……
여기저기 주머니를 뒤져 몇 장의 카드를 꺼내 살피는 그
　　　　　초과한 금액과 연체액을 내일 마감 때까지 입금하지 않으면
　　　　　법적 절차를 밟아 사무실로 차압에 들어가겠으니……
카드를 부러뜨려 신경질적으로 내던진 후 연신 담배를 질근 씹는
그, 침묵, 연기가 공기 속으로 사라지듯 수족관의 공기 방울이
수면에 올라와 자꾸, 자꾸, 자꾸 터지는 시간이 꽤 흐른다
삐이 — 여보……, 거…… 제기럴 또 잘못 걸렸군, 덜커덕
플라스틱처럼 딱딱하고 마른 토스트를 조금 떼먹고
식은 커피를 가끔 훌쩍이며 삼키는 그, 목젖을 타고 넘는 소리 크다
삐이 — 이놈아 에미다, 맨날 이놈의 기계허구 얘기해야 하니
　　　　외출하지 않었으문 전화 좀 받어라, 내 다 안다 게 있는 거
　　　　오늘 좀 들러라……들르지 못허문 전화라도, 훌쩍……니 애빈
　　　　훌쩍, 사, 사고로……훌쩍……말이 안 나와, 후울 덜커억
가족사진 액자를 탁자 위에 엎어놓는다(경쾌하고 급한 음악 깔림)
얼마 전 고분에서 보았던 좁은 석실 벽이 다가서는 듯하여
빠른 음악 사이 다른 벽 쪽으로 몇 걸음 느리게 물러서는 그

삐이 — 방송국임, 오늘은 왜, 죄다 이거야, 죄송합니다아 히히
블라인드를 꺾고 그만의 세상 밖을 내다보는, 그의 얼굴인
창백蒼白을 내민다, 창 밖에서 마주치는
목 꺾인 황혼이 실내를 살핀다 어느 틈엔가 자리잡는다
삐이 — 야 이 새꺄, 도대체 어딜 싸돌아다니는 거야 나원참
　　　나, 결혼한다 와서 사회 좀 봐라, 다음 주니까 준비햐
　　　속 좀 긁히겠지만 너도 아는 여자야, 오는 대로 연락해
술을 따르고 얼음을 채우는 그는 거푸 몇 잔을 들이켠다
흥분된 소파가 몸을 묶는다 그곳의 그늘, 짙다 웅크리는 몸과
실내를 어둠이 샅샅이 뒤진다, 또 뒤꼭지를 부여잡는
삐이 — 당신 또 없군요 왜 자꾸 피하는지, 당신 잘못만은 아니에요
　　　내게도 조금……뱃속의 아이가……만나야 결말을 볼 게 아녜요
　　　……당신 없인……지울 수 없어요, 당신 거니까요
　　　빨리 연락해줘요, 안 울고 있을……죽을지……몰라요

벌떡 일어나서 한참을 부르르 떨더니 버럭 소리치는 그
"삐이—다 알고, 다 듣고 있다고, 어쩌란 말야 나더러"
밖으로 전해지지 않는, 실내에서 울리다가 낮아지는 숨결처럼
한없이 낮아지는 절규 우우, 으으
또다시 언제 저 혼자 지껄여댈지 모를, 저 자동응답전화기
멈춘 시계 속의 아홉 시인 실내, 어둠 속 갑자기 켜지는 작은 붉은 등

오피스텔 코팅창

새벽 한강이 밤샘 몸부림에도 삭히지 못한
암세포 스모그를 물안개 속으로 뱉는다
세수 못한 얼굴에 끈적하게 흘러내린다
오전 여덟 시에서 열 시 사이 소화불량의,
꽉 막힌 자동차의 마포대교가 열어둔 창틀에 걸린다
갑작스런 배앓이로 화장실에 간다
지하철 공사중인 굴삭기의 정신 없는 소음과
마지막 층을 올리는 공중의 타워크레인이
바람에 흔들린다 현기증을 느끼며
벽을 짚어도 역시, 흔들린다
휴식 시간, 비좁은 잔디밭 위 제복을 입은 여공들
짧은 치마 밑 다리와 벌어진 앞섶 사이의 가슴이
사각 유리창에 미어터질 것처럼 꽉 찬다
점심 시간엔 더 분주한 코팅창
소형 오토바이로 배달되는 짬뽕 국물이 찰랑거리며 김서리고
자동차로 행상 리어커로
짐 부리는 타이탄으로 쏟아져 나온 회사원들로
정오의 골목을 껴안은 창은 꿈틀댄다
…… 여러 표정으로 분주한 척한다

졸린 택시 운전사의 낮잠이 황사 바람에 가려진다
번져오는, 나른하게 눈이 감긴다

죽은 가로수 같은 눈썹에 기대어 서서
노선 버스를 기다리던 사람들이 한 번 눈 깜빡이니
사라진다, 졸다가 흐지부지된 오후…… 저무는 일과여
뜨겁기만 한 기억밖에 없는
금세 식는 기억의 창이여

어둠이 파고든다, 사라졌던 마포대교가 갑자기
오전보다 더한 모습으로
다시 와 걸린다, 만성 소화불량이다
똥에 피가 묻어나온다, 피빛으로 물든 마포대교 아래
멈춘 것 같은 한강 속으로 건너 63빌딩이 잠긴다
그곳으로 충혈된 헤드라이트가 눈 부라리며 곤두박질친다
안간힘쓰며 매달린 공해 속의 오, 희미한 별무리
졸리면서도 잠들지 못하는 사람들의 눈이다
세상 어둠에 익숙해지려는, 모든 눈이다

이렇게도 밤이 길고 길 수가
불 끈 너저분한 실내가 코팅창을 통과하여
어두운 하늘 한복판에 상영된다
악몽을 꾸는 알몸이 밤새도록
바둥댄다, 모르는 누군가 보고 있다

오피스텔 벌, 벌레들

어쩐지 이런 일이 있을 것만 같더니만
오랜 예감 속에서 뒤룩거리다 문득 선잠 깬 그는
화들짝 놀랐다, 어깨에 붙은 눈으로 사지를 더듬거리다
또다시 놀랐다 어째서 이런 일이……, 경멸하던
벌레가 되는 벗어나지 못할 벌을 받다니

늪 같은 철제의자 한복판 담배구멍 난 스펀지 속에
허우적거리던 벌레는 경악했다, 녹슨 다리를 타고
내려오다 바둑무늬 대리석 바닥으로 굴러떨어졌다
각질의 몸뚱이와 다리에 전혀 없는 통증, 오 어째서
이런 일이…… 얼마나 버둥거리고 스멀거렸는지
넋나간 채 올려다보는 까마득한 천정
　　밑을 배회하던 그가 어떻게 전신거울 속에서
　　두 눈 뜨고 나를 쳐다보다니(이건 착시?)
섬뜩함에 책상 밑으로 벌레는 몸을 숨기다
카스테라 조각에 달라붙었던 개미떼가 그를 보고
흉측한 얼굴로 달려든다 겁먹은 벌레는
오랜 시간을 소비하여 복도까지 황망히 도망치다

이 무슨 꿈속 같은 일이
벌어지는지, 짧디짧은 한숨을 돌리는데
엘리베이터에서 한 무리의 구두가 내리다

어쩔 줄 모르다 아, 사람 살려
아니, 사람이 무서워 어째서 이런 몹쓸 일이, 내게
이건 더러운 환생인가…… 즐거운 저주인가
어디로 도망치고 스며들어야 하는지, 나의 목소리가
절제하는 비명이, 끈적거리며 벽을 타고 흐르는지

턱까지 차오르는 숨, 턱, 턱, 턱밑 목을 조여 오는
이 고요를 뚫고 다시 저 문으로 들어서면
할 일 없이 배회하던 그때의 내게로 되돌아갈 수 있을지
허기진 꿈이 끝나면 그 자리 그대로, 물론 있을까
몸에 묻은 먼지를 털듯 이 꿈 같은 저주를
다시금 저 문으로 들어서기만 한다면, 벗어버릴 수

오피스텔 壁

山水圖
외출은 깊은 병들게 하나니……
바람 몹시 불고 어두운 한강이 보이는 창가에 서서
바라보는, 물 속으로 드리워진 아파트 숲
불야성의 물결 위를 야맹증 환자처럼 헛발질하며
눈에 밟히는 대로 나돌아다니니……, 밤마다

반성조차 할 수 없이 바쁜, 하루 삶의 반대편에
드러누워, 눈에 익은, 꼭 가고 싶었던 욕망 속의
벽 한복판 한 폭의 그림 위
물 흐르는 산 속을 헤매는 외출은
치장된 외로움보다 더욱 깊게……
몸부림치게 만드는 치유 못할 병들게 하나니

여러 하나님
공해와 환락과 부패가 물결치는, 더 이상 고향이 아닌
나의 서울, 허공에 저녁 무렵 신기루처럼 돋아서
부활하는 여러 붉은 십자가
마다에 쪼그리고 앉아 쿨럭대며
가슴 밑바닥의 검은 가래를 설교 대신 뱉는
정신 없는 여러 하나님, 들리지 않는
당신의 말씀은 골목으로 구르는 보잘것없는 라면 봉지
지하철 군중 속 소음에 파묻혀 어느 귓바퀴에도

걸리지 못하고 떠도는 오 당신의 말씀
더 이상 소리 외에 아무것도 아닌 말씀
거룩한 쓰임새 없는 말, 그리고 멀리 가지 못하는 빛

데드 마스크
저, 저 악다문 아래턱과 감춘 눈빛이
주눅들게 한다, 소음제거 장치 부실한 빌딩
레이저 디스크를 감상하는 7층 높이 유리창에 와 닿으면
5번 교향곡이 되는 황혼 무렵
도시의 온갖 소리, 소리들 들려온다

삶에 지쳐 침대에 눌어붙듯 묶여 눈감은 이와
온몸으로 잡화 리어커를 끌며 목쉰 찬송 부르는 이와
며칠째 시청 지하도 의자에 앉아 주운 담배꽁초 씹는 이와
지하철 입구 계단에 스며들 것처럼 엎드린 헐벗긴 이와
알몸에 피고름 뭉친 종기가 터지는 괴질을 앓는 이와
아무런 증상 없이 시름시름 아파야 하는 운명의 굴레에
허덕이는 이들의 모습들, 눈에 박힌다

황혼에 달군 쇠꼬챙이로 가는귀 먹은 양 귀를
찌르고 싶다, 찌르고 싶다 마구 눈곱 끼고
앞이 가물가물한 안질의 두 눈을 사정 없이
미세한 모래알이 부대끼는 이 눈을

오피스텔, 감옥 같은

한 걸음 내딛기도 전 떼밀리듯 들어서면
닫히는 문, 안은 붉은 등
빠져나오고 싶지 않았던
자궁 같은 붉은 방, 진저리쳐지는

스스로 열려 해도 항상 닫혀 있는
출입구, 하루가 지나간다 그 위로
무수한 오늘 같은 하루가 겹치고
그 하루 중, 한 번 빛 드는 창
빛 들면 예민한 음지식물처럼
든 만큼 물러서는 음습한 이곳, 무덤인가

졸린 눈 치뜬 경비원이 모니터를 통해 확인하는
변함 없는 오늘도 비틀거림의 안전도 검사를 받는 7011
숨소리마저 도청되는 엘리베이터에 갇혀
꼼지락거리지도 못하고 7층까지 올려지는 7011
구둣소리, 투박하게 메아리져 쇠사슬처럼 온몸 휘감는
기나긴 복도를 맥없이 끌려가는 7011
철문 앞, 1단계 여섯자리 비밀번호 버튼을 누르고
　　　　2단계 명함 크기의 카드 먹띠를 들이밀고
　　　　3단계 오른 엄지의 지문을 맞대야만
열리는 오, 견고한 무덤, 입구

눈부시지 않는 빛, 몸에 두른 사람이여
방문해다오 눅눅한 이곳으로
눈부시지 않는 빛이 펼쳐져 있는 곳으로 가는
마지막 비상구인가, 이곳은

오피스텔 별장

짧게 두 번, 깊은 밤을 찢으며
울렸다 끊기는 전화
다시 두 번 길게, 수화기 들면
일방적으로, 아무 말 없이 끊기는 전화

30분 후, 비상구 등불 희미한 긴 복도를
토막토막 끊으며 오는 하이힐 소리
그녀는 온다 멀리서부터 은은한
낮은 콧노래 자스민 향수
철문, 열린다, 면회!
오늘도 짧은 순간이지만
사랑한다는 말도 없이 키득거리며
약속의 미래를 믿지 않는 알몸으로 온다
그 뒤틀린 새벽은 빠르게 온다
대리석 바닥으로 뿌리내린 크리넥스 티슈를
배추 뽑듯 스커트 밑에 숨기고, 그녀는 간다
어둠 사라지는 복도가 삼켜버린,
꿈결 속에서 멀어지는 하이힐 소리

밤새 긴장하며 뜬눈으로 보낸 실내의 사물들이
블라인드 사이를 비집고 들어온 아침 햇살에 몸서리친다
꿈지럭거리는 소파가 치떨던 그의 몸을

풀어준다, 눈꺼풀이 벌어진다 팬티 차림으로 일어나
실내를 천천히 통과해 팩시밀리를 작동시킨다
가스레인지 위에 커피 물을 올린다, 연꽃 같은 불꽃이
식은 아침을 펄펄 끓인다 걸려오는 전화를 받으며
바지를 입는다, 창을 연다, 밖에서 서성대던 하루가
우르르 쏟아지고 철문 밑 구멍으로 들이밀어지는
하루분의 서울우유 500밀리

맨 먼저 도착하는 팩시 한 장
"즐거웠어요, 내일 밤 같은 신호로……"
하루분의 사랑, 하루분의 기다림
휴지처럼 구겨지고 뭉쳐서
지하 쓰레기통을 향해 떨어지는 팩시 한 장

아, 깊고 깊은

꿍 무너지는 소리가 들렸다, 나는 무서웠다
눈을 떠 둘러보니 달겨드는 눈에 가득 낯선 어둠
흐린 시야가 밝아지며 차츰 다가서는, 여긴 어디
오래된 듯한 짐승의 뼈를 뚫고 얽히고설킨 나무뿌리
비록 목은 잘렸으나 모양과 색 흐트러지지 않은
들꽃 사이사이 아름다운 돌의 빛깔도 보였다
그것들 모두 근엄한 견고함을 내뿜었다 주눅드는
나는 어떻게 여길 오게 되었는지, 입구는, 그럼 출구는
거꾸로 자라며 물 떨어지는 돌이 보이는 어두침침하고 습한
둥그런 천장의 동굴
거꾸로 매달려 나를 바라보는
두 개씩 짝을 이룬 별빛 같은 눈의 무리들
무너지는 소리가 또 들렸다, 나는 무사하였다
황급히 소리의 반대편으로 기어가는 나의 등허리를
찍어누르는 무거운 화석의 시간들, 내가 여태껏
아둥바둥대며 살아온 콘크리트 사이의 바람 부는 현대란
기껏 검은 도로와 도시를 넓히는 일밖에 더 있었나
가슴을 벌목당하며 뒤로만 물러서는 숲, 또다시 무너지는
소리가 들렸다 어찌 못했다 누구도 건드리지 못한 어둠 속
아름다움이 무너지는 소리 기진맥진하여 드러누운
내 몸에 언젠가부터 달라붙어 있던 곰팡이들이
비누 거품처럼 일어 내 살점을 흙으로 운반한다

조금 전에 만났던 나무뿌리와 들꽃, 뼈의 시간
아 깊고 깊은, 만나보지 못한 편안함을 일깨우는 시간이여

맑게 물 떨어지는 소리에 뜨이는 눈, 보인다
눈부신 햇살, 엷은 망막의 커튼을 뚫고 방 안 가득 들어온
아침도 굶고 바지런히 옷을 차려 입고
거대하고 깊고 깊은 아파트 숲의 미로를 빠져나온 오늘도
도시의 한가운데로 출근하는 내가, 보인다 뚜렷이 보여

지하 속에 길이……

길이 흘러, 들어온다 내게로
저 어둠 속에서 꿈틀거리며
다문 이빨 사이로 꾸역꾸역 밀려
들어온다, 울렁거리는 속, 토할 수 없다

느린, 지하철을 타고 목적지로 가고 있는 나는……
　　느릿느릿 죽음을 향해 가고 있는
　　이 길, 눈길이 닿지 않는 곳, 저 멀리
　　아주 좁혀진 길의 바늘구멍만한 끝이
　　빠른 속도로 되돌아와선
　　악다문 내 식도로 비집고 들어온다

토, 토할 수……없는……메스꺼운……길

지하철의 벽, 흐르는 검은 물을 보며 나는……
　　끈끈하고 악취나는 점액粘液의 창자
　　안을 느리게 기어간다 더듬더듬 짚으며 가는
　　내 몸에 달라붙어 갉아대는 흉한 촌충寸蟲들
　　촌충들에 의해, 점액에 의해
　　짓무르고 헐어버린 상처, 혼미해진 의식으로
　　잊지 않고 애쓰며 가려 하는 목적지

어두운 지하, 내부
더디가는 지하철, 도막난 촌충들이 우글대는 뱃속에서
내다보는 바깥, 빛을 잃은 모든 풍경의 길은
끊이지 않고 이어지고 지하에서
지하 속으로 길이 흘러들어온다, 내게로
도저히 나는 토할 수 없는 길

기나긴 통로를 지나며

아직도, 여기에 머물고 있다니
오금이 저려온다, 자정의 사타구니 속으로 치닫는
밝음이 지지 않는 지하철에서 텅 빈 꿈꾸며 졸고

#맹인인 듯한 검은 안경 그가 유영을 하며
 맨 앞칸부터 끝칸까지 벌써 몇 번 왕래한다
#스치지도 않는 빈 손길들, 그는 (불의 얼굴을 감추고)
 웃음띠며 그 사이를 간다 때로 둘러보기도 하고
#쉬지 않고, 동전바구니에 가끔 떨어지는 동전을 쪼는
 때절은 손, 주머니 무거운 삶이 흔들린다, 한쪽으로 처진다
#멀쩡한 아내와 자녀는 들러리로 서울 지하세계를
 들쑤시고 다니는 검은 안경 하모니카, 조금은 우울하게
#나는 졸면서도 외면하지만 머릿속에 와 박히는
 철지난 유행가, 또는 흔들리며 떠다니는 찬송가 음률들
#한강 철교를 건너 어둠 속,
 어둠의 동굴로 미끄러드는 밤의 긴 행렬

#스포츠신문을 보면서, 졸면서, 음란한 꿈을 꾸면서
#깨면서, 창밖 숨겨진 어둠을 적으면서 신촌쯤이었던가
 시청쯤이었던가, 앞칸과 뒤칸 사이 좁은 통로
#지옥의 수문장쯤 되는 얼굴로 구구절절 옳은 말
 실천하지 못할 말 하는 여자, 그 누구도 반응이 없자

#더 큰 소리로, 지하철 소음보다 더욱 큰 소리로
  요한계시록의 예언도 곁들이다, 아으
#몸부림치는 지하철을 부둥켜안으면서도 할 얘기 하고 마는
#괜찮은 여자, 스포츠신문 부록 첫 장의 요염한 여자
  그 일러스트와 같은 여자, 뒤도 안 돌아보고 내려버린 여자
#꽁무니를 좇는 많은 뭇시선들, 대낮 같은 지하철 속

살아서, 썩는 내음 풍기는, 이 지하에
아니 아직도……, 머물고 있다니, 살아가다니,
냄새나는 밤의 창자 끄트머리에 밀려 뒤틀려 있다니,
악몽을 꾸다니, 데려갈 이 없는 마네킹이 되어 버리다니

마지막 지하철을 놓친 나는

여기 앉아 기다리라고
허겁지겁 달려온 나의 엉덩이, 식지 않은
숨이 턱까지 차오른 나의 목,
마지막 지하철을 놓친 나는
딱딱한 노란 색의 플라스틱 의자에 붙들린다

아무도 가로막지 않은 습관에 조금 늦게 도착했다
지나쳐온 길은 어두컴컴했고 몹시 가파랐다
이젠 냄새 진동하는, 도시의 창자 속
일방통행뿐인데…… 길을 잃다니

나는 너무 지쳤어, 한탄하며 가로젓는 얼굴
모든 불빛을 꺼버린 텅 빈 열차가 지나고
불현듯 나타난 바람의 주먹이 친다, 지나고 나면

때 탄 천장과 둥근 벽에 달라붙어 있던
붉은 물방울들이 후두두둑
한꺼번에 떨어진다, 저건 피? 도시가 빨아들인
낮 동안 흘린 땀을 우리가 잠 깊게 들었을 때
지하에 몰래 묻다니, 정말…… 저건 피?

굶주린 개처럼 지치지 않고 돌아다니리

절대, 나는 늙지도 병들지도 않으리
한 번도 기침하지 않고 몸살하지 않으리
이 도시, 지하생활에 살아남아 버티기 위해
딱딱한 현기증의 형틀에 붙잡힌, 놓아 주지 않는
길고 짧은 시간, 모두 내 건 아니야

난 기다린다, 이건! 휴식이 아니야
아침은 너무 멀다, 너무

역시, 어쩌지 못할 시간의 바퀴

오늘은 침묵하지 않을거야, 여느 때처럼
일어나 새벽 출근 서두르고 중금속 오염된
차디찬 물로 양치질, 면도, 세수까지 해야
비로소 더디 잠깨는 신경, 드는 정신
어제까지의 침묵은 못된 습관이야
계단을 내려오면서 휘청, 빈혈일거야
아님, 운동 부족일거야 직장이 너무 가까워

벌써 몇 년째 밟지 못한 기억 속의 풀포기
푸른 하늘, 은하수는 이젠 노래에서도 지워졌겠지
출근부에 사인을 하고 만나는 사람마다
고개만 끄덕여주지 어느 누굴 만나도 마찬가지
입을 열면 끓는 스팀처럼 내뿜어지는 악취
지금까지 일만 하며 지낸 시간의 끝이
옆구리를 찔러온다, 녹이 슨다, ……검은
숨쉴 때마다 땀구멍에 피는 검붉은 꽃
문신처럼 오늘도 돋는데, 집에 가 쉬어야지
이건 병, 침묵은 병이야, 아니야
아니야, 자동판매기는 빈 종이컵만 내뱉으며
비아냥거린다
하루가 구겨져 쓰레기통에 던져진다, 오늘만은
일찍!……들어가 쉬어야지

마음먹으면 흘러버린, 어느새 밤, 만신창이 되어
귀가당한다 피로는 너무도 빨리 오는 새벽
엎어지듯 누우면 거미줄에 걸린 것처럼 당하며
휘몰려오는 잠의 소용돌이, 소용……없는
내일은 침묵하지 않을거야, 꼭, 하지만
이미 그것은 미덕인 걸

지하생활자

어두워질 때까지 그곳에서
일어나는 일들을 읽어내는 일은
쉬운 게 아니다, 거리 한 귀퉁이의 평화
어느, 평화스런 회전의자에 앉아
이곳저곳의 소식을 훔쳐보며
혼자 지껄이거나 꺼내어 굴려보지 않아도
알 수 있다, 아침으로 저녁으로
외출하지 않는 지하생활자의 좁은 방
문틈을 넓히며 들어오는 신문, 공포스러운

당신이 던졌는가 화염병, 당신이
강탈했는가 노동자의 월급,
당신이 흘렸는가 폐수(방사능으로 오염된)
혹은 유언비어, 당신이 강간하고 불질렀는가
임신한 유부녀와 어린애 혹은 노인이 사는 집을
당신이, (아니야) 당신, (아니) 그럼
당신, 당신, 아니, 아니, 당, 아, ……모여드는 손가락들
신문을 보는 당신을 신문하는
겁에 질려 신문당하는 당신……불타는 시선들

다만 어두워질 때까지
습기찬 지하 방에 앉아, 스미는, 어쩔 수 없는

혹한과 어둠, 이젠 일상이 되어버린
아무런 충격도 받지 않는 그날 밤

그런 일들을 훔쳐보았던 일그러진 얼굴을
어둠이 다시 훔쳐보았고 어둠에 묻힌
환멸의 얼굴, 뚜렷하게 나의, 무기력한
무감각한, 그건…… 당신의 일이 아니라고

내 몸 안의 창고

잠든 그들을 깨우며 겨드랑이를 간질이고
베니어합판 벽을 흔드는 것은
바람이 아니다, 내 몸 안의 공장은 간밤에도
끊임없이 쉬지 않는 소음으로 가동되었다
주변 새벽, 마른 나무들은 불안한 잠에서 깨어
기울어진 세상을 본다, 공장 빈 터, 잠 덜 깬
풀의 머리를 누르고, 일어서려 애쓰는 허리 꺾어놓으며
온몸 칼자국 남기고 사라지는, 그 또한 바람이
아니다, 내 몸 안의 창고는 허물어지고

병들지 않은 나는 땀을 흘리지 않는다
신열도 내지 않는다, 바깥으로 끊었다
슬픈 일이다 서 있으려 안간힘하는
풀의 발목을 지우고, 지우며 타고오르는 폐유
끈끈이처럼 달라붙어 허리까지 목까지
병이라는 걸 모르는 내 몸 안엔 풀 한 포기
자라지 않고 나는, 병들었다 외부로부터, 아니다

그게 아니다 언제인가부터 귀멀게 눈멀게 하는
죽고 있는 땅에 나는 발을 들여놓고 말았다
낙후된 공장지대, 한복판에 서게 된
변화를 요구하는 나의 몸, 그러나 불안에 떠는,

발목을 붙잡혀 움직이지 못하고
시도때도 없이 폐수와 매연을 집어삼키어
거르지 못하고 곳곳으로
내뿜기 시작했다, 지칠 줄 모르고

어느 세일즈맨의 죽음

침묵이 두렵다, 고 나는
입 벌리며 소리친다
세상에, 뿌려놓은 빚 갚으라고
입에서 쏟아지는 일만냥의 황금
그러나 악취나는 누런 똥
무심히 뱉은 말의 발소리 여전히 따라오고
뱉어낸 말들로 주린 저녁 끼니를 채운다

지쳤어 오늘, 만이 아니야, 얼마나 떠들고 다녔는지
미처 삼켜 소화시키지 못한
떠돌던 말들이 찾아와 베갯머리에서 뛰놀고
방 안의 파리는 쉬지 않고 날아다닌다
지치지 않는 파리들 모두
잠들었는지, 그걸 바라보다 먼저 잠드는 꿈
나는 잠들지 못하고 뜬눈으로, 벌어지는 사건을
지켜보다 기절한다
이건 내게 벌어지는 일이 아니다, 고 하지만

잠들 줄로만 알았던 파리, 파리들이
숨죽여 누운 파리한 내 얼굴을 핥으며 껍질을 벗긴다
귓속을, 입속을 파고들어 와
알을 놓고 간다 으윽, 가득한 구더기들

거기에, 여태껏 내가 밟고 다닌 길이
팔아버려 쓸모없었다고 여겼던 길이
잠든 머리맡으로 둘둘 말려온다
깨어나려 노력하는 아침이 되어도
담요에 말린 몸이 되어 꼼짝할 수 없다

어, 다리가 없네
말할 입도 문드러져 없네

그가 오는 날, 광장에서

발 디딜 틈조차 허용하지 않는 극장 앞, 많은 사람들의 기대에 부응하기 위해 그는 아직 도착하지 않았다 어둠이 내리면서 추위에 기습당하는 그들, 남극 펭귄처럼 좁은 어깨를 맞대고 수근거리는 그들, 그가 오면 주린 배와 따뜻한 잠자리…… 그 외 모든 것이 해결될 수 있을까, 과연, 주머니에 넣어도 시린 손과 얼어오는 발은 어쩌나

그들이 오늘 이곳에 모인 까닭은 거리마다 나붙은 포스터 때문, 궁금증을 유발시켰던 한동안, 도시를 휩쓴 그에 대한 소문 — 그의 출생, 성장, 경력 등의 과거와 현재, 그리고 그가 펼칠 우리의 미래에 대한 — 때문이었다 한동안, 어디서나 그들은 모이기만 하면 서로 그에 대해 많이 알아냈다거나 전부터 알고 있었다는 듯이 입다물 줄 몰랐다, 그가 나타난다는 날이, 발표되었다, 그에 대한 소문이 수그러들고 관심이 희미해질 때쯤, 다시 일어나기 시작한

발 디딜 틈조차 허용하지 않았던 극장 앞, 그를 기다리던 많은 인파 속에서 어떤 이는 기절하여 들것에 실려나가고, 어떤 이는 자리에 선 채 호흡장애로 죽기조차 했다고……, 그곳에 참석했던 이가 전했다 잎 떨어진 은행나무 사이, 숨었던 가로등이 붉은 빛을 그들 마른 어깨 위에 뿌렸고, 때마침 어스름의 하늘로 오색 불꽃이 연신 터졌고, 그 사이로 헬리콥터가 나타났다 사라지자 그의 전신 사진이 인쇄된 전단과 돈이 하늘하늘 떨어졌다고, 모두

들 소리소리 지르고 제정신들이 아니었다고, 그 후 더 많은 사람이 죽었을 거라고……, 몸 하나 다치지 않고 귀가한 이가 침을 튀기며 전했다

그가 올 시간이 가까워오자 극장 앞에 선 검은 제복의 사내들이 선택한 한정된 사람들만이 극장 안으로 들어갔다고, 들어간 극장은 몹시 어두웠다고, 앞서 들어간 사람들은 보이지 않았다고, 어디선가 간간이 비명이 들리는 것 같았지만 확실하진 않다고……, 그곳으로 들어가려다 겁이 나, 그들의 억센 손길과 몽둥이를 뿌리치고, 몸 돌려 나온 이가 몸서리치며 말했다 광장으로 나와서도 한참을 멍하게 서 있다가 겨우 집으로 왔다고

그후 그곳의 일은 어찌되었는지 모른다고

한 귀퉁이에 바람이 몰려 웅성거리기도 하고, 햇살이 내리꽂히고, 그 자리마다 피어나는 아지랑이 쪼는 다리 부러진 비둘기만 날았다 내려앉고, 날았다 내려앉는 그곳, 그날 그는 끝끝내 오지 않았으며…… 많은 사람들은 그를 기억하지 않으려 하였으며……, 흐린 날 광장, 분수에서 솟는 피, 본 것 같다고도 하기도

잠시…… 세월, 악몽을 꾼 듯

늦밤 널브러진 어둠 곳곳엔 알아채기도 힘든
교묘히 설치된 그들의 덫이 숨죽이고 있다
전혀 움직이지 않고 관망하는 가는 줄 위의 거미처럼
시간은 우리를 눈뜬 장님으로 만들었다, 피곤한
우리들의 하찮은 사생활이
바람도 걸러서 보내는 그 줄에 걸리고 있다
은밀히, 아주 은밀히 그들 몰래 화려한 꿈 조금 꾸려고 하다
잠시 한눈을 팔다 끈을 놓쳐버리면
그들이 풀어놓은 작고 징그러운 것이
촉수를 세워 냄새를 맡으며 떼지어 따라온다
소리 없는 걸음, 그림자조차 없는 무리들
얼마 안 되는 세간을 챙겨가거나 때려부수기 일쑤고
약간의 심술이 오를라치면 끌고 가
온몸에 상처를 내는 것 물론 목을 조르려 달겨들어
악이라도 받치면 목숨도 물론, 누구도 모른다는 소문만 떠도는
80년대의 눈부심!
안의, 자주 꾸어지는 악몽 떨치고
일어나 앉는 피냄새나는 식은땀의 머리맡

아침 시원한 냉수 마시며 생각해보면
수도 없이 놓친 우리의 꿈들은
그들의 덫 속으로 미끄러지듯 이끌려 가

아직도 깨어나지 못하고 있다 발버둥치면 더 조여오는
허탈한 꿈의 결과는
깨어나지 못하게 한 그들의 잘못일까, 과연
그렇다면, 그들의 정체는

지금 그에게는

말하라 말하라는 억센 다그침이
메아리처럼 울려나오는 밀실 속에
교묘하게 숨긴 그들의 목소리는
잘 갈린 칼, 어깨를 짓누르는 통증
눈부신 백열전등 밑
한잠도 못 이루게 하는 몇 날 동안
핏발선 망막을 찢으며 달겨드는 독벌레
머릿속은 고장난 기계처럼
공허한 음이 울리며 잠시, 돌다 말다

그때 그 거리에 그는 있지 말았어야 했다고
몇 수십 번을 고쳐 후회하였다 그때 거리는
낮게 깔린 성난 붉은 구름 몇 점이 휘저으며 다녔고
숨고 숨었던 몇몇도 꼬리의 그림자 때문에
어딘가로 끌려가고 그 허술한 술집 상 밑
무릎 꿇고 기어나온 그도 눈가리운 채 끌려왔다
세상은 형편없이 좁아, 지금
그에게 펼쳐지고 있는 모든 일들은
절벽에서 떨어져 상처 없는 성장기의 악몽처럼
먼 곳 향한 계단을 오르는 잠시의 현기증처럼
편편으로 보여지고 사라질 것이라, 믿는다

말하라, 말하지 않으리라
악다문 그의 입속의 이[齒]들은 누에고치
구름 한 점 없는 하늘 날 꿈을 꾸는 누에고치
말하라, 말하라 재촉하는 그들에게 꼭 한마디,
끌려온 이들과 그렇지 않은 다수의 사람들의
잃어버린 말들이 너희 어리석음을 깨우는
잠언箴言이 되리라, ……세 치의 혀를 깨물면서

된서리

숨을 제대로 쉴 수 없었다
외출도 생각하기조차 힘들었다, 누가 뒤에서
고양이 걸음새로 따라붙어
뒷덜미 잡지 않나 발목 잡고 놓아주지 않을까
어둔 오후 아홉시의 고요를
해바라기의 굵은 목을 쥐고 흔드는
거리의 모든 길을 비틀어 짜는 사이렌, 다급한
시월의 담장에 걸쳐 있던 나무들이
담 안으로 숨어들고, 밤새 한 계절이 익어
새벽녘 낙엽을 모두 떨구던 밤
보안등 밝은 골목에 어둠을 동원하던
호루라기 소리, 뒤숭숭한 꿈과 꿈속을 오가며
돌아눕고 또 돌아눕던 날, 밤

무슨 일이었을까 역사가 이루어진다는
하룻밤을 자고 일어나니

손바닥만한 방에 들어 봄부터 자라던
볕 아래 싱싱한 꽃이 시들고 새도 가끔 날아들더니
얼핏 하늘엔 구름과 바람의 손끝도 보이더니
머물고 싶던 것 다 머물다 가더니
모두 보이지 않는다 계엄령이 지배하는

거리, 하늘, 집구석, 가을 그리고 마음
때문이었다 다만 그것 때문이었다

하룻밤 자고 일어나니
거리는 온통 한겨울 된서리에 두들겨 맞아
오금도 펴지 못하고 으시시 떨고 있었다

바벨탑은 무너지고

시작만이, 지금도 시작만이 있을 뿐이라고
다만, 끝이 보이지 않고 쉼이 없는, 노역의
시작이 우리를 끈질기게 따라다니며
괴롭히는 어두운 나날을 살아가는, 세상, 있는
죄는 없다, 석양이 꼬드기는 한 알의 사과를
땀 흘리지 않고 따먹기 위해 기어 오른
한 그루 나무 위의

외로운, 태초의 죄는 즐거운, 시작이 무서운
욕심의 부레를 가슴에 달고 하냥 부풀어
어두운 심해로부터 천천히 떠올라
아랫물과 윗물 사이의 궁창을 벗어나
윗물에 오르려 꿈틀대며 잡아당기는 아랫물 박차고
두웅둥 떠올라
하늘 두려운 줄 모르고 치솟아오르다
줄 끊어진 애드벌룬처럼 팽창할 대로 팽창해서
일순, 터져버릴
벌만이 기승하는 지상의 한 켠
검은 먼지와 검은 병균 휘감긴 도시
끊이지 않고 불어대는 모랫바람 속에
또아리 틀고 앉은 수만 마리의 뱀으로 아둥바둥거리며
서로의 살 한 점 뜯어먹지 못해 안절부절못하는

이 혼란한 지상의 한켠

그것들에 휩싸여버릴 세상
곧 다시 오리라
경고했던 그 폐허의 낡아빠진 팻말이 된
한 그루 나무 위의
지금껏 우리는 시작만 했을 뿐이라고
죄 없는 이 지상에 살아남은
우리들 욕심은 시작이 전부라고

그늘

누구일까, 이곳에 숨가쁜 토악질
해대고 가는 사람은
또 누구일까, 이곳에 앉아
지친 마음 풀어놓고 가는 그 사람은

사이드카를 몰던 그가
긴 장화 벗고 유행가 한 곡 부르다 가고,
높다란 담벽의 건물을 멀거니 지키던 그가
긴 담배 한 대 피우다 가래침 뱉고 가고,
가방 속의 화염병 어쩌지 못하는 그가
망설이다 내팽개치고 사라지는

누구나 오고 있는 곳이라면
와서 굵은 종지부가 아닌
마음 넉넉한 휴지부를 마련하는
어둠 한 켠이라면

外에 대하여

늘 옅게 드는
내 잠의 벌판에 낀 안개처럼
흐린 나날이 되기를 기원하는
날마다 같은 꿈이 있었는데

내 잠의 벼랑, 늘 떨어지고 상처 입은
몸으로 기어오르면
중간도 오르지 못하고 다시
사정없이 떨어지고 구르다보면
겨울이었다, 늘 마음은 봄을 바라지만
여름 가을 없이 이어지는, …… 겨울
번지르르한 살얼음 깔린 겨울이었다

내 잠이 끝나는 곳에는
항상 날카로운 서릿발, 뜬눈 뜬눈
두 눈을 향해 서슴없이 달려와 찔러 오는
마구 찔리며 세상을 향해 부릅떠도
피, 냄새 훙건한 어둠, 항상

그의 퇴근, 혹은 畵集

그가 가꾸는 숲은 어디 있는가
도시의 황사바람을 통과하여,
뜨거울수록 좁아지는 사막의 문을 지나,
저물녘 펼쳐지는 황혼의 커튼을 찢고,
아니다 그렇게 어렵고 멀지 않다
구름 한 점 없는 별의 희망이 시작되는 저녁
때, 그의 외출은 시작된다

그가 가꾸는 숲에 땅거미 내리고 난 뒤
첫 이슬에 발목을 주고 거니는 좁은
길이 끝나는 곳에까지 떠 다가가면
선잠 들었던 것 모두 일어나 그를 맞는다
꿈틀거리는 숲, 그리고 그믐의 별들도

숲에서 숨쉬는 것들의 두려움이던 어둠 속을
이리저리 날아다니는 반딧불을 시작으로
가깝게 같이 지내다, 새벽이 올 즈음
그는 숲으로 간 흔적을 남김없이 지우며
돌아온다 돌아오는 일상으로의 길은
아침이 오는 새벽하늘, 너무 가깝다

그는 딱딱한 의자에 붙잡혀 하루를 보낸다

눈치보며 문고판 고흐 화집을 흘끔거리고
오후의 불타는 측백나무의 벌판과
까마귀 무리지어 망쳐놓아도 좋은 보리밭의 인상을,
애써 지우려 하지 않는다 오후 내내 그를 누르던
일과 먼지를 턴 후 그만이 알고 있는
그만이 깨울 수 있는 그의 숲 중심을 향해
육중한 회전문을 타고 나선다

어느 날 밤에서 밤까지

거울은 늘 잠들어 있다
깊게 잠든 거울 속의 그를
그가 쳐다보는 건
늘 끼어 있는 먼지를 닦는, 잠깐의
새로움 때문이다

오전, 새가 날아와 작은 부리로
거울의 잠을 쪼아댄다, 덜컥
겁이 난 거울은 깃털이 드문드문 빠진
병든 새를 보여준다 새는 날아가고
심심한 거울이 바람을 부른다

몹시 흔들리며 나무들이 울부짖는다
나무를 흔드는 것이 자기가 아니라는 사실에
지레 겁을 먹은 바람이 소스라치며
사라진다, 오후 내내 거울은 땀 흘리고
그는 거울의 그늘에 숨어 그 꼬락서니를
꼬박 지켜 바라보았다

그는 지쳐 잠든 거울에게 다가간다
하루종일 시달리느라 흘린 비지땀과 먼지가
말라붙은 거울의 핼쑥한 얼굴을 닦으며

세상의 온갖 먼지 뒤에 선 그가
그를 편안한 마음으로 바라보는 건
잠깐의 새로움 때문이 아니라
오늘도 무사함 때문이다

나는 지금, 진화한다

연일 기승을 부리는 무더위의 밤이다
끈적한 달빛 아래서 변화한다 나는
붉고 긴 혀를 내빼물고 목청이 쉬어버린
헐떡이는 짐승으로 누워 직립보행의 불편함을
권태한다, 밀폐된 방구석
벗어던진 런닝과 팬티로부터 버림받아
이제 나는 진화하는 걸까 생활이 너무 편해져서
늘어나는 식욕과 성욕, 더 부푸는 수면욕의 물결에
휩싸여 허우적대는데, 머리는 더 커지는데 정말
진화하는 것일까, 나는 지금

꼬리뼈가 자라 꼬리마저 길다랗게 자라고
알몸의 솜털이 어느 날 갑자기, 자라서
치부를 덮어버리고 팔의 기능이 다리의 기능으로
변화하는 지금
왜일까, 기어다니게 되면
짖고 싶은 목청은, 왜일까
붉은 반점으로 반응하는 문명에 대한
울분과 슬픔이 야성으로 되살아나는
최초의, 잃었던 기쁜 울음
소리 없는 짖음이 벽을 허물듯 메아리치는데
두꺼워진 피부는 파르르 떨리는데, 왜일까

신발이 끌고 다닌 도시의 문화와
경직된 아스팔트의 무더위를 벗어나기 위해

네 다리로 달린다 한 걸음 더, 마구 달린다
어느 산과 골짜기, 어느 들판이든
문명의 자국이 남아 있거나 닿지 않은 곳
뜨거운 달 한 입 베물고 당당히 버티고 서서
목놓아 짖어대는, 훌훌 벗어 던진 나의 자유를 위해

畵集 박수근

얼마나 잊고 살았는지 모른다
단층된 기억을 잇느라
꾸리던 이삿짐 위에 걸터앉는다
표지에 눌어붙은 시간의 때가
손바닥 가득 검게 묻어나온다
비눗물로도 지워지지 않는다

고르게 풍화된 화강암 면 혹은
굵은 모래흙 면에 희미하게 박힌
눈시울 붉히는 그림들, 가난이 배경이다

부서져내릴 것 같은 담벼락의 집과
말라 비틀어져 다 죽어가는 나무,
소리죽여 옹기종기 앉은 아이들
어린애 업고 흐르는 땀 훔치며 절구질하던 여인

세월이 흘러 윤곽조차 희미한데
빛바랜 화집에도 온 변화

집 헐린 공터에 고층 아파트 들어섰겠고
죽어버린 나무의 자리에 가로등 꽂혔겠고
포대기 둘러업혔던 어린애와 앉았던 아이들은 자라서

뿔뿔이 흩어져 제 살길 찾아 도시로 갔겠지
그곳에 홀로 남아 휜 허리 더 휘도록
지금도 절구질할 여인

너무 변했어, 그러나 변하지 않는 그곳에서
공간이 꽉 차도록 이런저런 사연을 담아
몸 돌보지 않고 빈 절구질을 할 여인,
얼마나 잊고 살았던 사람일까

폐차장에서

봄은 곧 오리라, 매립지 위로 뜨는 별
아름답다, 찌그러진 봉고 문짝에 반사되는 빛
위협적이다 굶주린 광기 번뜩이는 도둑개의 눈
어두운 겨울의 벽을 조금씩 헐고 있다
더러 눈이 덜 녹은 슬레이트 처마에 매달린
고드름이 떨어져 산산이 부서지는 땅
바닥에 간간이 널린 목 부러진 백미러에
언뜻 비쳤다가 사라지는 흉흉한 바람, 소리
저것일까 문득 귀기울이면 검은 코 끝을 씰룩거리며
조심스러운 눈빛을 한 회색 쥐떼들 서로를 물고
어디로 가는 걸까, 지금은 그리운 것 없는 땅

부속품 빼앗기는 밤에 꾸어지는 썰렁한 꿈마다
힐끗 내비치는 눈발, 여기선 웃을 수 없었다
없었다 볼 수 있는 것이라곤 머리채를 쥐고 흔드는
바람, 어느 것이고 닥치는 대로 끌고 갈
아귀힘이 센 바람만 들끓고 한겨울 움츠렸던
순간순간의 삶이
붉은 녹 부풀어 떨어지는 고철더미 사이에 돋는,
풀이라면 굳은 땅을 비집고 고개를 내미는, 풀이라면

봄은 곧 오리라 떠나지 못한 것들만 남아

서로의 상처를 어루만지는 매립지 위
폐차장으로 지는 새벽 별도 아름다운데

뫼비우스 띠의 서울

문득문득 겁나는 밤
늦은 거리, 건물의 빛나는 뼈들
사이 서 있다가
여기저기서 몰려부는 바람에 밀리고
밀려서 막다른 골목 끝에 서면
희미한 빛은 비수가 되어
전신을 마구 찔러온다, 휘청거리다
바람이 겹치는 회오리 틈 속에
비쓱거리며 나는 살아야 하는
구토를 한다, 붉은 구토를…… 흥건히

하루가 지나도 겨울은 여전하고
다시 하루가 지나면, 반가운 봄날을 흔들며
그리운 산과 들에 돋는 풀과 싹의 희망조차
기대할 수 없는 질긴 절망의
또 하루가 지나면, 더 높게 솟는
건물의 거대한 뼈들만 들어서서
바람만 극성스레 몰려다니는
아무리 돌아다녀도 고통의 변두리를
맴도는 것 같은
서울, 하루 만에 겨울이 와서 기승부리는
다시 태어나고 싶지 않은 곳

밤마다 오색 야광의 오로라가 펼쳐지는
서울 그리고, 영원한 겨울의 나라

2부

스무나무 길

4년 걸러 한 번씩
치러지는 유세장에서만,
감쪽같이 복개되는 냄새나는 개천과
든든하게 포장돼도 발목까지 빠지는
진흙탕길

가벼운 봄날
아지랑이 피듯 악취 자라는
길을 따라
말 속의 길을 따라

해마다 죽지 못한 잔디가 돋고
자리보존할 정도로 병들어도, 해마다
노란 꽃과 이파리 여는
서울 변두리의 스무나무 길

에드바르트 뭉크의 꿈꾸는 겨울 스케치

1

한밤의 심한 갈증, 깨어나, 얼어붙은 빗장을 연다, 꿈꾸는 철길, 달빛 내리고, 이상하다 숨죽인 나는, 오랜 갈증을 느끼며, 소양교 난간 나트륨 등빛의 겨울을 뒤집어쓴 화가, 만난다 바람이 지난 후

저절로 닫히는 덧문, 내 혀가 끼인다

2

달빛 없는 밤

서럽게 운다, 절반의 어둠이 가리운 문 틈에 끼인 붉은 혀와 초저녁부터 바람에 술렁이던 마을을, 문 밖 세상으로 돌아간 화가의 뒷모습을 생각하면

애당초 말을 하고 싶었다

짧은 혀 끝으로 더듬거리는

말을 하고 싶었다

겨울은 언제 시작하였는지, 눈을 감자

잠의 바닥에 깔린 들판을 가로질러

밤새워 폭설이 덮이고, 이미 낮은 세상은 더 낮아지고, 길눈의 거리에서 오도가도 못하며 몇 겹의 죄를 이고 지금 나는 섰는가

3

입을 굳게 다물어도 나의 고백은 쏟아지고

얼어간다, 놀라운 폭설이 그친

하늘은 고요하다, 붐비던 개찰구를 빠져나간
나의 꿈은 검은 비듬처럼 잎 지는
텅 빈 역사에서 겨울로 지고 있다

4
불투명한 유리가 깔린 땅 속으로 녹아내리는
내 속울음이
뿌리내리는 겨울숲 사이
얼지 않은 물소리가 조심스레
한 옥타브 낮게 늦은 오후를 가득 메우고
짓눌린 오후를 떠다니는 아, 그, 그
화가의 떠나지 않는 겨울
숲, 낮게 내려온 하늘을 깡마른 손으로 더듬는
겨울숲, 찾아드는 밤새떼, 종일 알 수 없는
말만 하는 나무, 또 눈이 내리고

숲에서 잃어버린 말이여
나의 근시안에 각질의 어둠이 배고
순간, 온 마을이 일제히 켜드는 불빛
살아 있을 누군가의 지상에 덮인
눈이 부시다 눈이 부시다

말

산 말이 머리를 쳐든다
죽은 말이 머리를 쳐든다
산 말이 몸통을 떨며 일어난다
죽은 말이 못참겠다는 듯이
부르르르 몸통을 떨며 일어난다
산 말이 뒷다리로 허공을 찬다
죽은 말이 뒷다리로 세상을 찬다

온갖 말들이 서로의 꼬리를
깡마른 악다구니처럼 물고 줄지어
휘돌아다닌다, 이건 저들만의 세상인 양
꼼짝없이 짓밟히고 마는,…… 세상에,
더러 먼저 죽는 산 말들, 먼저 죽은
산 말들보다 더러 오래 사는 죽은 말들
죽은 말이 산 말의 모가지를 물고
죽은 말이 산 말의 사지를 끌고
한 걸음 앞서 간다, 어디쯤에선가
죽은 말이 무릎을 꿇고 눕는다
산 말이 덩달아, 지레 누워버린다
모든 말의 머리가 땅 위에 남는다

죽어서도 건강한 턱과 누런 이빨들은

버릇없이 아무거나 먹어치우고
습관대로 오랜 되새김질도 하는
모든 말의 머리가 머리 위를 떠다닌다
말의 꼬리처럼 뻿뻿한 풀이 돋는
썩는 냄새도 유쾌한
말의 머리만 돋보이는 무덤들

늙은 개

조금 망설였다 아무런 냄새도 흔적도 없는 시간 위를,
마당을, 마른 코를 쑤셔박고 늙은 개는 빙빙 돈다
서성거린다, 굵은 침을 흘리며, 소리 없이 열렸다가
닫히는 미닫이 창문을 바라보다, 때는 늦었다
그림자는 보이지 않는다 짖을 여력이나 있는지,
늙은 개는 절대 먼 곳에 시선을 주지 않는다
먼 곳은 희망을 가져다주지 않는다
그곳에서 주인의 손에 끌려온 길이 지워지지
않고 있다, 뚜렷하게, 잔디가 죽어 자라지 않는

둔덕, 작은 소나무와 잔가지에 걸렸던 달이
미끄러지듯 끌려와 갇힌다
소나무는 쓸모없는 통나무
어둠 속에 갇힌 달은 달도 아니다

법도 여긴 없느냐, 짖었지만, 두 개의 벽과 또 다른
두 개의 벽이 서로를 향해 다가서고 흙이 부서져내려
발끝도 꼼짝 못하고 당하는, 뒤척이는 땅 속은 편하다
잔뿌리 하나 없으며 추억의 하늘은 평평하다, 검푸르다
쥐오줌 자국이 은하수 형태로 그려져 있을 뿐

언제 내가 하루를 시작하고 끝맺었는지 모를 땅 속

하루 한 번 숨쉬기 위해 여는 창문, 나무를 통해
나무는 내 목에 걸려 신음하고 있다
문 넓다, 너무, 늙은 개 느린 맴을 돈다
코를 쑤셔박고 침을 흘린다, 병은 얼마나 깊은지

석포리 염전

여기는 늘 여름이다, 소식도 없이 살다가
소식 없이 증발했던 사람들이 한데 모여서
훈훈한 바람 속에서 속삭이는 곳

증발한 당신이 부재중인
쓸쓸한 저녁식사
심심한 화제에 없어서는 안 될
양념이 되어
남아 있는 우리 곁으로
되돌아오는 곳

화장터에서 빻은 뼈의 기쁨과 슬픔이
깊은 산 중턱에서 혹은 강물에 실려
넓고 깊은 바다를 떠돌다
바위투성이인 생활의 해안에
부딪는 파도로 떼지어 몰려와
못다한 슬픔과 기쁨이 그리워
한없이 그리워서, 뜨거운
여러 계단의 염전 바닥을 윤회하여
멍든 한 풀어
한 줌의 소금으로 재생하는 곳

여기서는 땀 흘리며 사는
신기루 같은 생활의 아침이 시작한다

사금파리들

한여름, 목마른 개천이 입술을 타고
흘러들었다 혓바늘을 돋게 하고
식도와 기도를 괴롭히는 잔모래
검게 말라 부서지지 않는 진흙이 드문드문 드러난
뜨거운 모래의 땅을 맨발로 걸었다

입 속에서 나는 악취, 견딜 수 없어
끼어드는 추억 털어내려 하지 않았다,
사타구니의 거웃이 채 자라기도 전의
자식과 누에고치처럼 이불 속의 병든 어머니와
소식을 끊었던 아버지, 발목이 모래에서 풀려날 줄 몰랐다
무수히 내리꽂히던 갈증의 햇볕
속에서 나는 하루하루가 다르게
커갔고 세상에서 나는 떳떳하였지만, 끼어든 추억,

오랜 시간을 웅크려 울며 보내던
담장 밑의 채송화, 새벽이면 맺히는 이슬들, 다시 끼어든,
웃가슴엔 훈장처럼 빛나던 때
고무지우개로 밤새 박박 문대도 지워지지 않는
떨어지지 않는 슬픈 빛의 사금파리들

물이 줄어버린 개천에서 온종일 놀다

씻어도 씻어도 떨어지지 않는
흐린 호롱불 밑에서도 잔잔하게 빛을 내던
얼굴에 박힌 사금파리들
바라보면 언제나 낯설었던 거울 속의 나

물 속에서

나는 걸어간다
금 가는 두개골, 이 무슨 날벼락인가
머릿속으로 떨어지는 무거운 시간의 모래

물집과 허물이 벗겨지는 햇살을 가로질러
얼마를 걸어 지나왔을까
훤히 들여다보이는 메마른 바닥을, 엎어진 채

뜨거운 모래바닥에 배를 깔고 잠시 머물면
발바닥부터 전신이 타들어가고
머리에 쌓이는 모래 안에서 허우적대는
눈부신 세상
태양이 결코 지지 않는 길을 따라
깡마른 낙타의 그림자도 지나기 힘든
바늘구멍조차 허용되지 않는
길을 더듬으며

가야 한다, 죽어가는 물풀과 나무가 끌고 온 길
갈 길, 바쁜 나는 뛰다시피 기어간다

주머니 많은 옷

주머니를 뒤집어도 주머니가 생긴다

불룩한 주머니와 홀쭉한 주머니의 차이는
오른손잡이인가 왼손잡이인가다, 가끔
예외일 때도 있지만

누구는 주머니를 쓰레기 무덤이라고
누구는 주, 머니 하면 떠오르는 게 돈이라고

온기가 사라진 주머니는 공동묘지다
숨쉬는 것이 없다 바람도 통하지 않는다

안과 밖을 바꾸어도
그 주머니가 그 주머니다

냄새나는 궤짝

거기엔 없는 것이 없었다
뱀을 증오하는 이브와 호기심 많은 판도라
이집트의 클레오파트라와 성모 마리아와 맹자의 어머니
맨발의 예수와 오줌싸개 네로
서쪽의 히틀러와 동쪽의 구레나룻 링컨
그 외 역사를 좌지우지한 냄새나는 인간들

거기엔 없는 것이 없었다
창세기 이래 되풀이되는 전쟁과 타협과 또 다른 분쟁
핵무기의 위협에서 벗어나자는 미소 군축회담
기아와 가난에서 탈출시키자는 목쉰 구호의 적십자
노동자여, 파업을 중지하고 대화하자는 기름진 목소리
질서 있는 선진 문화시민이 되자는 찢어지는 방송 등등

거기엔 없는 것이 없었다
희미한 전등 파장머리 장사치의 떨이떨이 목청
흔들리는 막차 뒷좌석에서 조는 중년 사내의 더벅머리
육교, 지하도 계단에 웅크린 머리 아래 구걸하는 손과 손
백만 달러 상당의 값나가는 흑인 축구선수의 무쇠다리
그 외 지구상에 등장하는 각 인종의 신체 부분들

거기엔 없는 것이 없었다

동네 구멍가게에서 콩나물 백원어치에 덤으로 몇 뿌리
주인 몰래 집어오는 어머니와 어깨에 묻은 쇳가루에 눌려
힘없이 산비탈을 올라오는 작업복의 아버지와 오늘도
4당5락의 대입 구호 아래 밤샘하는 여동생과
일간지 구인 광고를 보며 투덜대는 나까지 웅크려 있으니

식물원에서

여기는 유리로 만든 큰 집이야
사방에서 해뜨는, 멸종하는 위기에 놓인
식물들이 부활하는 곳
유난떨며 새벽부터
길따란 집게로 벌레 잡아주고 약을 탄 물
분무기로 짙게 뿌려 하루를 시작하지
어지러운 안개의 잠 속으로 밀어넣는 거지
그들 뜻대로 자라는

온대식물은 여기 온대식물원에서
열대식물은 저기 열대식물원에서
하지만 냉대식물은 냉대받는 식물원에서?
그들이 내린 블라인드 안에 갇히는

자연이야, 뜨겁다고 울부짖으며 정신 없는
누군가 그랬지……… 한낮엔 뜨거울수록 그리운
비, 하긴 우리도 자연이지만
두 팔 벌리고 무거운 하늘의 습한 바람기라도
서로 나눠 들고 있어야지

시간 맞추어 모이를 던져주듯이 스프링쿨러는
겨우 두 줄기로 천천히 아주 천천히 돌던

감질나는 오후, 퇴화한 뿌리의 수액의 시간 멈추고

이건 너무해, 너무 건조해
멋대로 도장 찍고 차에 실어
이곳에 옮겨놓고서
살라고 해놓고서

그곳 그곳

종일 바람 부는 곳
모래로 된 암석에
작은 구멍을 뚫고 사는
푸른 눈빛의 여우와
천적인 엄지손가락만한 쥐가
숨가쁜 숨바꼭질하는 곳
목 마르고 갈라터지는 물소리,
신기루의 오아시스,
들리거나 보이지 않는 곳

비가 그친 후 고인 흙탕물에
침 뱉기, 또 뱉기
흔들리는 하늘 파문이 그치지 않는
거대한 빌딩으로 이끌려 들어가는
아침과 뱉어진 저녁, 그리고 깨끗한

오늘의 숨가쁜 숨바꼭질이
머리도 숨기지 못한 채
내일로 내일로 이어지고 이어지는 곳
언젠가는 성냥갑 속의 성냥개비처럼
머리 부딪쳐 잠시 타오르다
한 줌 먼지로 날려갈 하루하루

진흙땅

어느새 봄은 둘로 나뉘어 있다
앞으로 나가려는 봄과 머무르려는 봄

문득문득 생각난 듯 눈이 휘몰아치듯 내려
내린 눈 눈 깜짝할 사이 빨아들이는 땅,
간혹 내비치는 햇빛과 돋아나려는 작은 풀도
왕성하게 삼켜버리는 땅,
흔적도 없이, 그러나 혹한이 고개들어
자주 발목이 붙잡혀 꼼짝 못하고 마는 땅,
진흙땅, 어디로든 건너가거나 올 수 없는
검붉은 입 떡하니 벌린 땅

어느새 둘로 나뉜 봄은 각기 자라기 시작하고
그 한켠 하릴없이 선 나는 없었어야 했는데

봄 속의 봄을 보지 못하는 봄
물러나지 않으려는 겨울과 봄 사이
그 땅에서는 두 눈 꼭 감아버려
검붉은 실핏줄의 망막에 걸러지는
사인이 불분명한 사진 한 장, 빛바랜
낡은 풍경 속의 이름 없는 죽음 한 장

칡

독재자다, 이른 봄날
우리 앞에 나타난 그는
우리의 발목을 간질이는 귀염둥이었으며
결코 우리보다 키가 크지 않았다
가끔 비 내리고, 돌아보는 어느 날
우리 어깨 근처에서 조잘대던 것 같아
다시 돌아보면 어느새 우리 곁에 없고
태양을 가리고 머리 위에서
음흉하게 얼굴을 일그러뜨리고 웃고 있다

그의 그늘 속에선 자랄 수 없다고
발버둥치지만
땅 속 깊이 그의 뿌리에 붙잡힌 발목 때문에
어디로든 움직일 수 없어
그의 그늘이 짙게 물들어오고
시도때도 없이 시드는 우리를
그는 잡아놓은 발목에 만족하지 못하고
온몸을 휘어감고 숨통을 조여들어온다
심술오른 거대한 흡반으로 달라붙어
무섭게 조여들어와
피 말라간다 우리는 비쩍 마른 몸

그 그늘을 아무도 벗어나지 못했지만
아무도 없는 날이 곧 다가오리라
그의 그늘은 보란 듯이 텅 비어버리고
살진 웃음 보아줄 누구도 없는 그날이
머지 않아 오리라
그래서 그는
슬픈 독재자다, 찬바람 부는 겨울날

벙어리개

내가 낡은 개구리복을 입고 삼년 만에
돌아온 다음날부터 집 대문에
개조심이란 표어가 찬란하게 나붙었다
식구들은 모두 변해 있었다 밤잠 없는 내가
지켜보면 어긋나게 돌아가는 잠의 톱니바퀴 속에서
밤새 공전하다가 눈을 뜨는 새벽이면
왜 그리 바쁜지
아버지는 앞코가 벗겨진 작업화를 신고 제일 먼저
공장으로 나간다 잠시 후 잠부스러기를 털며
밥도 굶고 새벽반 보충수업 때문에 쫓기듯
바람과 같이 대문에서 사라지는 고3 여동생
2부 야간대학을 다니면서도 아홉시 이전에
어김없이 외출하는 남동생 그리고
덩그라니 남은 어머니와 나
오늘은 별다른 일 없지, 먼저 선수를 치는 어머니
파출불 일이 없는 날에도 친목계 모임이 있다며
우중충한 낙엽 무늬의 옷을 입고선
집 잘 지켜라, 점심은 찬밥에 라면이라도 끓여……라
소리 뒤에 남은 고요를 벌렁 누워서 지킨다
분단의 철책선을 오가며 나라를 지키던 내가
군복을 벗고 예비군으로 더 훌륭한 일을 하다니
숨막히는 고요 속을 이리저리 뛰어다니다가 지치면

고요는 나를 꽁꽁 묶어서 잠으로
끌고간다 뒤엉켜 구르면 구를수록 더욱 조여오는

해질녘 고요에서 깨어난 나는
잔털 붙고 냄새나는 담요쪼가리에 몸이 감겨
낑낑대고 있었다 벗어나려 몸부림하면
더욱 감겨오는 담요와 잠기는 목청

일기에 따른 빨랫줄의 경고

햇살이 살인적으로 뜨거울 때는 지나는 바람도, 얇은 귓속을 후비는 소문은 물론, 자라지 않는 분재의 희망조차도 밖에 내다 널지 말 것

맑은 날이면 가슴 위에 꿈이 훤히 내비치는 아이들의 깨끗한 영혼은 널지 말 것

못난 뿌리와 줄기, 열매를 맺지 못하는 우리의 대지에 성수를
뿌려주는 성직자의 속옷과 바람이 없는 날에도 터무니없이
흔들리는 우리의 신념에 목탁소리 드높게 불공을 드려주는
스님의 속옷과 그 외 말세의 땅에서 부활을 꿈꾸는 자들의
속옷은 바람 부는 날이면 제발 널지 말 것

흐린 날이면 술이라도 한잔 걸친 상기된 얼굴로 백화점과 고급 카페와 호텔 커피숍이라도 들르고 싸구려 시장에서 구르는 지친 자들의 가벼운 꿈이라도 내다가 널 것

누구랄 것도 없이 한 뼘의 자리도 남기지 말고 비가 오는 날이면 하늘이 가장 가까운 곳으로 옷이란 종류는 모두 내다 널 것

안개가 심하게 낀 날엔 눈먼 자들의 귀를 널 것

때없이 땅으로 꺼져들어갈 것 같은 배 주린 자의 작은 입은 눈이 내리는 포근한 날에만 널 것

떠도는 구름

내가 처음 이곳에 발을 디딜 때
    지상의 모든 꽃 피기 전
    차고 달짝지근한 이슬이었고
내가 누운 이곳, 몸 뒤척일 때
    밝은 얼굴이었을 걸, 아마
    힘차게 땅을 뚫고 솟는 물이었지
내가 이곳을 정처 없이 떠돌아다닐 무렵
    은어, 속어, 머리 없는 유언비어 같은
    길길이 날뛰면서도 못내 속상해 하는
    소나기 같은 것
내가 이곳을 지팡이 짚고 나설 때가 되면
    부글부글 속앓이로 겨우내 갇혀
    시름겹게 지내다가, 이른 봄날
    싹쓸이로 쓸려가는 어쩌지 못할 폐수이리라

이 험난한 시간이 거듭 흐르는
중간중간
나는 무엇이 되어 다시 그 무엇이 될까

봄, 지겨운

1
봄이 오고 며칠 간격으로
골목에 弔燈 걸렸다, 사라진다
지팡이 짚고 복덕방에서 담배금 벌던
몇몇 노인네들 보이지 않고 못 보던 노인 나와 앉아
한 쪽은 장기, 다른 쪽은 고스톱
짧은 해 저물면 새우깡에 소주, 마른 기침
끊기지 않는다

2
짓다가 버려둔 바로 옆 다세대 주택
종일 시끄러운 연장 소리에도
봄이 온다, 겨우내 떠나지 않던 몇몇 고양이들
쫓겨나고 얼어죽은 고양이 쓰레기통에 버려지고
사라졌던 고양이들의 새끼 몇 마리가 밤마다 모여
아기 울음을 운다

3
오후 네 시를 넘어서며 드문드문 개나리 핀
가지를 휘며, 시야를 가리며
내려쌓이는 눈

겨울과 봄 사이는 한 가지에 시샘하며 핀
개나리와 눈꽃처럼
얼마나 가까운 것이냐

4
꽃가루 흩날리는 거리에서 돌아와
잠자리에 들면 온몸에 돋는 붉은 반점
긁고 또 긁어도 시원하지 않는
알레르기성 체질에 어김없이 찾아오는,
충혈된 눈에 밝혀지는
봄밤, 도대체 잠은 오지 않고

마당 깊은 집

늘 그곳에는 무엇인가 썩고 있는
냄새 역겨운 그늘이 있고,
머리를 세우면 팔다리 둘 곳이 생기고
머리를 누이면 팔다리 둘 곳이 사라지는
햇빛 한 오라기 들지 않는 좁은 방이
여러 개, 각 방마다 악쓰듯 울어대는 아이 여럿
까까머리에 기계충이 듬성듬성 난 아이 또 여럿
가끔 어른이 한 번 누우면 살이 흐무러져,
냉기 번진 구들장 밑
마른 늑골 밑에, 뱀과 지네와 쥐와 한데
어울려 살 수밖에 없는 열두 가구의 마당은
죽음의 그늘은 깊고 깊어

가을은 깊고 깊어 집을 둘러선
몇 그루 나무의 빈 가지
서로의 살갗 후벼파며
자신의 상처만 드러내느라 정신이 없는,
누가 더 아픈지 누가 다가올 계절에
첫 번째로 죽어나가는지조차 모를
바람벽이 막아선 방과 방

너무나도 거리가 멀어

두꺼운 마음의 담만 올라가는,
혼자인 외로움 깊고 떨어뜨리는 눈물
끝 닿는 소리 들리지 않는,
외딴 무덤 같은

木魚

누가 깊은 밤을 두들기는가
누가 나의 배를 두들기는가
허튼 소리, 떠돌던 소리들을 눈 꿈쩍 않고
먹어치우는 저, 저것
조금도 부풀지 않는 배
표정조차 없는 얼굴
달겨드는 소리, 나는 발작하듯 몸 뒤틀지만
아무렇지 않게 소리를 듣는 저 괴물
냄새나는 잠 속에서 일어나는 거대한 목어

신음하며 얼마나 앓아야 소리의 굴레를
벗을까 옅은 잠도 못 이루는 머리맡에서
저 목어는 태연하게 입을 벌려
온갖 소리를 먹고 나마저 먹기 위해
다가온다 이건 죽음이 아니야, 아니, 야

이젠 말에 얽힌 세상일쯤은 잊으라고
더 이상 뒤채는 일 없는
편안한 잠을 이루라고
입 다물고, 없는 나를 내려다본다

나는, 없다, 나를 닮은 괴물이 입 벌리고

무뚝뚝한 표정과 둥근 몸을 움직이며
부딪치면 깨지지 말고 찌그러지기만 하는
정도로 살아남아
누군가 두드리면 마지못해
맑지 못한 소리만 내고 있을 뿐

빈지문을 열면

길모퉁이
기나긴 골목
추억이 끝나는 곳
옛 잡화상점 하나
늘 잠겨 있는 지금
슬그머니 그곳을 지나며
구멍나 부식된 구멍이 큰
부분 뒤켠에는
무엇이 있을까 궁금하였지

녹슬다 못해
내장의 검은 구슬 드러내는 자물쇠
무엇이 있을까 견고했던 과거
골목 끝 잡화상점

숨기면 숨길수록
드러나는 나의 내면
죽어 남길 슬픈 사리처럼
맑지 못한 검붉은 구슬 몇 개
나는 얼마나 녹이 슬어 있나
지우지 못하고 없애지 못한

욕심꾸러미는 또한 몇 개

부패함, 냄새뿐만 아니라
바라보기도 흉측스러운 생각, 내부

* 빈지(널빈지의 준말) : 한 짝씩 끼웠다 뗐었다 하게 만들어진 문. 흔히 가게에서 앞에 문 대신 씀.

외투

태어날 때부터 내게 끌려다닌 그림자
그러나, 스무살 넘어
어렴풋이 생활을 알면서부터
검은 그림자가 끌고다닌 건
나, 질질 끌려다니며 지겹도록
내가 끌고다닐 것은
끊어지지 않는 길

아무런 소문도 못 내고 중병을 앓는
그림자, 가냘프게 여윈
머리끝에 달라붙은 더러운 입과
말라붙어 흉측한 똥오줌같이
어슬렁거리며 어슬막에 귀가당하는 나
별빛 한 줄조차 들지 않는 골방
문을 열고 물집난 발을 내딛기도 전에
나 죽어라 하며 재빠르게 드러누워버리는
못된 그림자
녹슨 옷걸이나 쥐오줌 자국 선명한
구석진 곳으로 벗어 던져져 걸려지거나
아무렇게나 구겨져 있는 나

죽을 때까지 끌려다닐 나는

더럽고 세상의 온갖 잡냄새가 나는,
그림자의 잿빛 외투
내가 겨우 안심하는
죽는 곳에까지 따라와서
먼저 드러누워 있을, 닮지 않는
저, 그림자

겨울빨래

조금 바람이 불면, 허둥대는 모습
부둥켜안은 그의 상반신과 그녀의 하반신
혹은 그녀의 하반신과 그의 꼬인 하반신이
서로 떨어지려고
조금 바람이라도 불면, 애써 태연하려는 모습
크고 굵직하고 우악살스러운
그의 두 팔다리가 그녀의 상반신과 하반신을
마구 때리고 있으면서도
매운 바람 들판에서 불면, 사랑 넘치는 모습
딱딱하지만 가늘고 여린 그녀의 두 손이
관습의 넥타이에 매여 사는
전보다 더 가늘어진 그의 흰 목을 조르는

　　그 어떤 행동할 수 있고 해도 뭐라 하지
　　않는 이젠, 아무렇게나 살아도 되는

조금의 바람이라도 불면, 어쩔 줄 모르는 나는
이리저리 돌아다보게 되며
온몸 달아오르거나 속이 빈 몸통 두들겨 맞거나
하여, 뼈마디 부러지고 정신은 오고간 데 없다
훔쳐보지 않으려던 내가 대체 뭘 잘못했기에
햇빛 맑고 따사로운 겨울날

묻힐 수 없는 땅의 빛에 눈감아야 하나
밤이 되면,……불면, 덕장의 눈먼 북어처럼
가는 고드름 촘촘히 달린 처마의 풍경처럼
멎은 듯, 적막한 시간 속에 걸리어

늘 푸른 언덕

언덕, 봄 여름 가을 내내 누구 하나
돌보지 않아도 저들끼리 뭉쳐 자라는
늘 푸른 언덕
키 작은 사철나무가 무수히 떨어뜨린
겨울 삭과의 자리에
눈이 덮이고 덮이고 다시, 또 덮여도
눈 속의 가리운 푸르름이 눈부시게 하는

누구도 이곳엔 올 수 있다
늘 푸른 탄생과 늘 푸른 성장과 늘 푸른
만남과 이별, 그후의 시간까지
푸르게 보장되어 눈을 지그시 뜨고 다니는

내가 사는 곳도 늘 푸른 언덕이다
내가 죽을 곳이 늘 푸른 언덕, 뒤편

아무나 이곳엔 올 수가 없다
늘 푸른 슬픔과 늘 푸른 절망과 늘 푸른
아픔, 비명과 죽음이
항상 비상약으로 널려져 있는

이곳은 당신들이 사는 늘 푸른 언덕이다

서 있는 팻말 뒤편
그늘진 이곳은 내가 죽어 떳떳이 화장당한
뼛가루가 푸르게 바람에 날릴 언덕이다

여름밤 — 늪

저렇게나 많은, 냉정하다시피
차디차게 빛나는 눈물을
뱉었다 삼켰다, 날마다 하는
입은, 크나큰 입은
도대체 하늘 어딘가에 있을까

눈물 없는 세상, 눈물 흘릴
시간조차 없는 세상을
눈물 흘리며 사는 내가
벌건 낮술부터 취해
부어오른 눈두덩이로 올려다보고
또 올려다보는 깊은 밤하늘

바람도 없는데 무엇이
머리카락 자꾸 잡아당기는지
미처 날개도 준비하지 못한 채
끌려올라간 하늘
어두운 가장자리에서 왜!
심한 거부의 몸부림을 해댔는지
무슨 미련이 아직도 남아
버겁고 비좁은
내일의 희망조차 재배할 땅 없는

이 지상에 내려서려고
짧은 팔과 다리 휘젓는 안간힘을
왜, 한없이 했을까

휘저을수록 자꾸 쏟아지는 눈물들
나를 중심으로 일어나는 불길한 일들
벗어나려고 발버둥을 치면 칠수록
더욱 밀착하여 몸을 휘감아오는

아크로폴리스

그곳은 내 잠이 이제야 쉬는 홑가분한 이불 속의 어두운 광장이다

뿔 달린 짐승들의 머리가 나무에 박혀
지칠 때까지 힘겹게 엉덩이를 흔들거나
아우성치며 흔들어대다
그대로 화석이 되어버린 들판이다
외로운 별들이 수십억 세기 동안
묵은 먼지로 내려앉아 돌산이 되고
돌산의 맨 꼭대기부터
대대로 돌산을 깎아 세운 성벽의 도시다
오랜 역사가 이루어진 밤과
밤마다 성벽의 돌들이 조금씩 아주 조금씩
부서져내려, 가끔 빛나는
불 꺼진 도시로 이는 바람 처음엔 천천히
바람이 몰아친다 모래가 섞인 몇천 년의
회오리가 휩쓸고 지나간 다음
빛나던 인간의 사고가 경직된 틈을 타서
한 순간 허무하게 무너져, 무너져내린다

이곳 저곳 흩어진
너저분한 돌들의 틈바구니로

새로 돋는 몽상의 풀, 밤마다 풀이 돋는

밤이면 놀라웁게 풀이 성장하고
즐겁게 밤을 새운 새벽에도 덩달아
마른 나무도 살이 찌는
그곳은 먼 데까지 잘 보이는 꿈속이다

가는 봄, 자라는 풀

흐린 날, 흐무러진 기억의 벌판, 눈 못 뜨는 황사바람
    3×4 사이즈의 빛바랜 흑백사진 한 귀퉁이
오늘 거기에 내가 서 있으며
    낡은 기억이 어렴풋한 풍경 속으로 빨려들어가
아주 흐린 날, 서 있을 힘조차 없는 병약한 모습
    무릎이 쑤시고 관절이 부러지는
    불현듯 통증으로
언덕을 올라 집으로 가야 하는데 해 진 집
    엉금엉금 기어오르는 시간은 어떻게나 길고 긴지
굵고 자잘한 모래가 별처럼 빛나는 루핑
떨어져 나가기도 그 자리에 서리 내리는
    풀에 대한 공포, 들쭉날쭉 자라난 풀들이
    콧구멍을 후벼대고 눈동자를 찌르는
외등 하나 없는 골목을 돌아오르는 공포
    먹고 자라는 풀, 희고 긴 목을 휘감아 조르는
돌아와 잠들면 그만인 것을
    잠들면 놓치지 않고 찾아오는 악몽을, 입 안 가득한 진흙을
    둑 밑의 검은 개천 물을 빨아먹는 풀뿌리들

눈부셔!
거기의 봄이
빈혈의 개나리 흐드러지게 핀 벌판에

눅눅한 낙엽 밑 웃자란 쑥의 이마를 밟고 쑥쑥 자라는 풀들이
거기 봄이
있었다니, 기억은 오래 가지 않아 지워질
오늘은 바람 불고 흔들리는
풀의 뿌리에까지 미친 듯이 바람이 불고
나를 거리로 내몰던 누런 바람이 불고
그 자리에 버티고 선 내 몸에 휘감긴 바람
눈감고 잠든다, 언덕 위의 집은 없다
골목조차 없고 방풍림만 빼곡 들어서 있다니

자유공원

가슴에 명찰과 단정히 접힌 손수건을 단
노란 옷의 코흘리개들이 오른발을 맞추는
경쾌한 호루라기 소리, 한결같이
작은 입을 모아 셋, 넷!을 합창하며
정오의 햇살 속으로 사라진다
빛나는, 먼지에 눌린 늙은 맥아더
앞에 앉아 백 원짜리 사랑을 홅던 남녀
바람에 실려 풍경으로 아득히 가고
섬으로 둘러진 조그마한 바다를 배경으로
목 메인 김밥을 먹으며 기념사진을 남긴
한 가족이 비둘기를 따라
날아오르던 회색 하늘, 그때 오후 두시

건너 하늘로 빠져나간
썰물이 남긴 오염의 갯벌, 흉측하게
드러나는 자유공원 중턱

하루종일 분주한 사진사가 찍어대는
굳은 표정의 자유, 자유 그 어스름의 시간
구겨 신은 낡은 구두 앞코부터 갉아먹으며 오는 땅거미

숨막힘, 덩그라니 던져진 내 앞에

겹겹이 접혀진 채로 밀려오는 섬
자꾸 어디로, 나는 밀리고 있는 것일까
밀리고 밀리는 동안
누렇게 퇴색하여 떨어지는 내 표정은
오후 일곱시의 가을, 너무도 늦가을

잠에는 귀가 없다

잠에는 귀가 없다 깨워도 일어나지
않는다 그녀가 일어나는 시간은 하루가 궁금한
늘 오전 네 시, 지난 밤의 빗장을 풀고
문을 연다 해뜨기 전

어스름보다 먼저 방 안으로 들이닥치는 향기
시도때도 없이 껴 마을을 품고 있는
흐린 안개 속에 형체를 알 수 없는
어찌 보면 물오른 나무 같기도 한, 벌거벗은
온몸에 돋은 이슬 같기도 한, 땀을 떨구는
사내 몇이 서로를 희롱하며 간드러진다

바람에 실려오는 그 여린 소리와
건너 숲의 몇 그루 밤나무들이 내뿜는 향기에
얼굴이 붉어져 황급히 방 안으로 들어오는 그녀
지난 밤은 행복했다 그를 깨워
다시 새벽의 행복을, 그를 흔든다

그를 흔든다, …… 그 사이 …… 뿌리 잘려
썩은 나무토막처럼 누운 그를
흔들면 그렇게 흔들리기만 할 뿐,
그녀에게 행복을 선사하기 위해

흔들리기만 하고 있는
만신창이가 된 그를 물끄러미 바라본다

오늘을 그녀는 침묵으로 시작한다
깨어나지 않는 그의 영원한 잠엔 귀가 없다
아침 새소리가 귀에 걸려 흔들린다
떨어져 흩어지고 만다

그리고 암탉은

도시 행정구역 경계선에 걸린
변두리 양계장의 인공부화장
두꺼운 껍질 깨고 어렵게 나와
눈부신 백열전구 한 번 올려보고
뒤뚱대며 기어나와 때 맞추어
던져주는 모이와 놓인 물 먹고
피둥피둥 살찌며
좀더 자라서, 좀더 자라서

달이 뜨는지 해가 뜨는지 모를
날마다 창문이 가리워진 실내
한 몸도 비적거리지 못하는 쇠창살 안
목청 가다듬어 하루 스물네 시간에
서너 번 노래하고 잠들고 깨고
알 낳는 똥구멍 해어지고 다 해어지도록
좀더 자라서, 좀더 자라서

피똥피똥 싸며 알 낳다 마른 몸 되니
살진 엉덩이 흔들며 산보 나가는 꿈조차
꿀 수 없는 마른 몸 되니

목 비틀리고 털 뽑히고 내장 비워준 다음

수놈 꽁지인지 암놈 꽁지인지 구분 못할
모습으로 붉은 전선줄 바라보며
땀 흘리며 목청 뽑아 노래나 부르라고
기름진 죽음의 노래나 부르며, 여기서
좀더 자라서, 좀더 자라서

몸 안의 어둠

언제부턴가 바람 품고 살았는지
몰아쳐 뿌리째 뽑아버리려는
바람 맞으면서도 살아났는지
자꾸 한쪽으로만 기우는 중심

풀포기 흔들리다, 수많은 풀 죽고
그 중 살아남은 풀 속의 풀보다 못한 채
살지만, 한때는 고민의 곁가지 위로
잎 돋고 꽃 피고…… 흐드러져
주체 못할 생각만 달고 살아, 도리어 생각 없는
업숭이라 손가락질 받으며,…… 사는지

바람 한번 불면 그 많던 곁가지
꺾이고 부러져나가고
모두 보낸 몸뚱어리, 하찮은 벌레에까지
중심마저 파내준 쓸모없는 몸을 향해

이쪽의 바람이 온다, 눈앞의 풀이 머리숙인다
발밑의 풀도 수그릴 즈음
벌써 어깨 움츠리고, 어 저쪽에서도 바람이
온다, 어느새
땅에 묻혀 썩고 있는 자세로까지

한동안
두렵고 무서웠던 바람이었지
구멍난 몸 안에서
기울어버린 세상의 길, 모두 막혀 있는 걸
스스로 잠들기 위한 시간도 점점
몸 안의 어둠처럼 멈춰지는데

아무런 무게도 없는

어디, 어느 길 위에
사람이 없을까 했더니
거기 있구나, 아는 한 사람

그가 나를 일으켜 세운다, 부러지는
발목 부러지는 무릎 퉁겨지는
다시 힘들여 일으켜 세우……, 부러지는
허리 그만, 뚝, 그만!
부러지며 짓눌리는 가슴

아무리 발버둥대도, 쉬지 않고
삭지도 않는 그 자리
재빠르게 일으켜 세우는데도
차곡차곡 접혀서 잠드는
그 자리, 오래된 그러나
부패하지 못하게 처리된 통조림 속

짓눌려버린 발과 손
가슴, 그리곤 덩그라니 남는 머리
그만, 악몽은 그만! 그만
모두들 머리만 갖고 사는 세상, 떠다니는
한 귀퉁이에 고통만 남은

거기 있었구나, 아는 단 한 사람

이끼낀 묘비명의 지워질 듯한
한 줄의 글
"나를 깨우다 지친 내가, 반갑지 않게
여기 다시 잠들다"

반성적 내면 지향과 부정의 시학

성민엽/문학평론가

I

조현석의 데뷔작 「에드바르트 뭉크의 꿈꾸는 겨울 스케치」는 얼핏 전형적인 신춘문예형 시인 것처럼 보인다. 상투적인 틀을 거의 벗어나지 않는 가운데 자못 현란하면서도 매끈하게 펼쳐지는 수사와 장식적 이미지들, 세련된 감상성, 여성성 등이 그러하다. 그러나 좀더 자세히 들여다보면, 이 시에는 신춘문예형을 넘어서는 일종의 치열한 정서가 잠복되어 있다. 그것은 우선 외부 세계에 대한 두려움으로 나타난다.

> 한밤의 심한 갈증, 깨어나, 얼어붙은 빗장을 연다, 꿈꾸는 철길,
> 달빛 내리고, 이상하다 숨죽인 나는, 오랜 갈증을 느끼며, 소양교
> 난간 나트륨 등빛의 겨울을 뒤집어쓴 화가, 만난다 바람이 지난 후
>
> 저절로 닫히는 덧문, 내 혀가 끼인다

이 시의 화자의 일반적 정황은 갇힌 상태인데, 그 갇힘은 강요된 것이 아니라 화자가 외부 세계에 대한 두려움으로 인해 스스로 택한 것이다. 그런 점에서 보면, 조현석의 시가 자폐적이라는 지적은 틀

리지 않는다. 그러나 그 자폐성은 조현석 시의 출발점이지 귀결점이 아니다. 위 시의 화자는 스스로 채웠던 빗장을 연다. '심한 갈증'이 빗장을 열게 하는 것인데, 빗장을 열고 화자는 외부 세계를 내다본다. 그때 문이 닫히고 문틈에 화자의 혀가 끼인다. 외부 세계와의 소통 · 교섭을 열망하지만 그 열망은 혀가 끼어버리는 결과를 낳는 것이다. 조현석의 시적 진술은 갇혀 있고 싶다는 형태가 아니라 벗어나고 싶다는 형태를 하고 있고, 벗어남의 과정에서 부딪치는 장애와 고통(위 시에서 화가 뭉크는 그 장애와 고통의 형상으로 나타나고 있다)에 초점을 맞추고 있는 것이다. 요컨대 조현석의 시는 문 틈에 낀 혀, 그 '짧은 혀 끝으로 더듬거리는 말'이다. 그 말의 현재형은 고통이지만 그것의 지향은,

순간, 온 마을이 일제히 켜드는 불빛
살아 있을 누군가의 지상에 덮인
눈이 부시다 눈이 부시다

라는 마지막 대목에서 보듯, 소통과 교섭의 이름에 있다.

「에드바르트 뭉크의 꿈꾸는 겨울 스케치」로부터 시작된 조현석의 시 쓰기는 두 개의 줄기를 일구어내며 수행되어 왔다. 하나는 외부 세계에 대한 두려움의 뿌리를 드러내는 것이다. 두려움의 뿌리가 드러날 때 그것의 극복이 가능해질 것이다. 다른 하나는 그 뿌리 드러내기를 위한 내성이 획득하는 사회성이다. 여기서 안과 밖의 구분 자체가 무의미하다는 것, 안은 이미 밖에 의해 침투되고 감염되어 본래의 순수성을 상실해버렸다는 것에 대한 통찰이 이루어진다. 자폐라는 것은 안과 밖의 구별을 전제하는 것이므로 여기서 자폐라는 관념은 해체되고, 후기 자본주의 사회의 전일적이고 보편적인 사물화 과정의 폭력성이 중심적 주제로 떠오른다.

II—1

조현석에게 있어서 외부 세계에 대한 두려움의 감각적 뿌리는 시각적인 것에서 주로 발견된다.

내 잠이 끝나는 곳에는
항상 날카로운 서릿발, 뜬눈 뜬눈
두 눈을 향해 서슴없이 달려와 찔러오는
마구 찔리며 세상을 향해 부릅떠도
피, 냄새 흥건한 어둠, 항상

—「外에 대하여」에서

외부 세계는 두 눈을 마구 찔러오는 서릿발과도 같고, '나'는 그 서릿발에 눈을 찔려 피를 흘린다. 외부 세계의 폭력이 시각적인 것으로 상상될 때 잠은 그 폭력으로부터의 도피를 의미하게 된다. 그러나 외부 세계는 그 잠조차 허용하지 않는다.

눈부신 백열전등 밑
한잠도 못 이루게 하는 몇 날 동안
핏발선 망막을 찢으며 달겨드는 독벌레

—「지금 그에게는」에서

일반적인 상상 체계에서 어둠은 악을, 빛은 선을 의미하지만, 조현석의 시각적 피해의식은 그 체계를 뒤집는다. 조현석에게 빛은 폭력이다. 그래서 그는 '눈부시지 않는 빛', 즉 비폭력적인 빛을 소망한다.

눈부시지 않는 빛, 몸에 두른 사람이여

방문해다오 누눅한 이곳으로
눈부시지 않는 빛이 펼쳐져 있는 곳으로 가는
마지막 비상구인가, 이곳은

—「오피스텔, 감옥 같은」에서

조현석의 시각적 피해의식은 어디에서 비롯된 것일까. “찌르고 싶다 마구 눈곱 끼고/ 앞이 가물가물한 안질眼疾의 두 눈을 사정 없이/ 미세한 모래알이 부대끼는 이 눈을”(「오피스텔 壁」에서) 같은 대목을 보면, 조현석에게는 약시 따위의 안질이 있는지도 모르겠다. 물론 이런 식의 심리적 환원주의의 해석은 일면적인 것에 지나지 않는다. 좀더 깊이 들여다보면 조현석의 시각적 피해의식은 궁핍에의 공포, 일의 억압 같은 것과 관련된다.

풀에 대한 공포, 들쭉날쭉 자라난 풀들이
콧구멍을 후벼대고 눈동자를 찌르는
외등 하나 없는 골목을 돌아 오르는 공포

—「가는 봄, 자라는 풀」에서

‘외등 하나 없는 골목을 돌아 오르는’ 귀가길은 물질적 궁핍을 충분히 암시한다. 무허가 산동네의 밤길은 무성한 잡초와 캄캄한 어둠의 그것이다. 위 인용 대목의 시각적 공포는 궁핍에의 공포에 다름아니다. 궁핍과 시각적 피해의식의 결부는 유년 시절을 추억하는 다음과 같은 대목에 확연히 나타난다.

사타구니의 거웃이 채 자라기도 전의
자식과 누에고치처럼 이불 속의 병든 어머니와
소식을 끊었던 아버지, 발목이 모래에서 풀려날 줄 몰랐다
무수히 내리꽂히던 갈증의 햇볕

속에서 나는 하루하루가 다르게
커갔고 세상에서 나는 떳떳하였지만, 끼어든 추억,

오랜 시간을 웅크려 울며 보내던
담장 밑의 채송화, 새벽이면 맺히는 이슬들, 다시 끼어든,
옷가슴엔 훈장처럼 빛나던 때
고무지우개로 밤새 박박 문대도 지워지지 않는
떨어지지 않는 슬픈 빛의 사금파리들

—「사금파리들」에서

대체로 궁핍은 냄새와 관계가 깊다. 조현석의 냄새에 대한 민감한 반응도 그러한 맥락에서 이해될 수 있다. 가령, "해질녘 고요에서 깨어난 나는/ 잔털 붙고 냄새나는 담요쪼가리에 몸이 감겨/ 낑낑대고 있었다 벗어나려 몸부림하면/ 더욱 감겨오는 담요와 잠기는 목청"(「벙어리 개」에서)이라든지 "늘 그곳에는 무엇인가 썩고 있는/ 냄새 역겨운 그늘이 있고"(「마당 깊은 집」에서) 같은 구절들을 보라.

조현석의 시각적 피해의식은 또한 일의 억압과도 관계된다. 이 맥락에서 강렬한 빛은 억압적인 일의 세계이다. 그 일의 억압을 못견뎌하며 조현석은 휴식을 꿈꾼다. 시집의 도처에서 행해지는 '쉬고 싶다'는 발언을 보라. 조현석에게 휴식의 세계는 눈부시지 않는 빛, 혹은 그늘로 상상된다. 「그늘」이라는 제목의 시편에서 조현석은 이렇게 쓰고 있다.

누구나 오고 있는 곳이라면
와서 굵은 종지부가 아닌
마음 넉넉한 휴지부를 마련하는
어둠 한 켠이라면

시각적 피해의식에 대한 분석은 조현석에게 외부 세계의 폭력의 내용이 다름아닌 궁핍과 소외된 노동이라는 것을 알려준다. 그 폭력에 대한 공포가 조현석의 상상 세계에서는 빛에 대한 공포로 나타나고 있는 것이다.

II—2

그러나 조현석은 일종의 궁핍의 시학에 머무르지 않는다. 거기서 머문다면 궁핍과 일에의 공포, 그리고 휴식에의 열망이 그를 퇴행으로 몰고 가기 십상일 것이다. 그는 바로 이 자리에서 퇴행의 길로 가지 않고 내면 세계와 외부 세계 사이의 연관으로 방향을 돌려 사회성이라는 차원을 획득한다. 외부세계의 폭력 앞에 자아는 스스로를 폐쇄시킴으로써 폭력으로부터의 도피를 이룰 수 있는가. 이 물음을 조현석은 자본주의 사회의 부패로부터 개인의 내면은 자유로울 수 있는가, 라는 물음으로 이행시킨다.

조현석의 내면 지향은 우선은 자기 폐쇄에 의해 외부의 폭력으로부터 도피하고자 하는 문맥에서 비롯되는 것인데, 그것은, 글의 첫머리에서 보았듯이, 단순한 자폐가 아니라 자폐의 공간으로부터 벗어나고자 하는 열망과 등을 맞대고 있으며, 그 공간에 대한 성찰을 수반하는 반성적 내면 지향이다. 그 반성적 내면 지향에 의해 드러나는 것은 외부의 폭력 못지않게 내면 역시 부패하였다는 사실이다.

녹슬다 못해
내장의 검은 구슬 드러내는 자물쇠
무엇이 있을까 견고했던 과거
골목 끝 잡화상점

숨기면 숨길수록
드러나는 나의 내면
죽어 남길 슬픈 사리처럼
맑지 못한 검붉은 구슬 몇 개
나는 얼마나 녹이 슬어 있나
지우지 못하고 없애지 못한
욕심꾸러미는 또한 몇 개

부패함, 냄새뿐만 아니라
바라보기도 흉측스러운 생각, 내부

—「빈지문을 열면」에서

빈지문으로 차단한 가게의 내부는 바로 자아의 내면 공간에 다름 아니다. 그 내부는 자물쇠의 내부가 잔뜩 녹슬어 있는 것처럼 바라보기에도 흉측스러울 만큼 부패해 있다. 조현석의 내면 지향은 '내 몸 안의 창고'와 그 부패를(「내 몸안의 창고」) 그리고 '몸 안의 구멍'과 그 공허를(「몸 안의 어둠」) 명백히 바라본다.

그 '부패한 내부'를 자아의 바깥에서 발견할 때 '오피스텔' 연작의 오피스텔 방이라는 공간, 「지하 속에 길이……」「기나긴 통로를 지나며」「마지막 지하철을 놓친 나는」의 지하철 공간, 「지하생활자」의 좁은 방 등의 형상들이 낳아진다. 이것들은 자아에 대해서는 외부이지만, 도시적 삶(후기 자본주의 사회의 삶을 그렇게 부를 때)에 대해서는 '감추어진 내부'이다. 그 형상들은 도시적 삶의 외관은 화려하고 합리적이지만 그 내부는 부패해 있다는 메시지를 전해주지만, 더욱 중요한 것은 그것들이 자아에 대해 외부로서 자아에 일정한 작용을 가한다는 점이다. 「지하 속에 길이……」에서,

끈끈하고 악취나는 점액粘液의 창자

안을 느리게 기어간다 더듬더듬 짚으며 가는
내 몸에 달라붙어 갉아대는 흉한 촌충寸蟲들
촌충들에 의해, 점액에 의해
짓무르고 헐어버린 상처

라고 묘사되는 지하철 공간은 '도시의 창자 속'이면서 '나'에게는 몸 밖인데, 그것의 부패가 '나'의 몸 속으로 흘러들어오는 것이다.

길이 흘러, 들어온다 내게로
저 어둠 속에서 꿈틀거리며
다문 이빨 사이로 꾸역꾸역 밀려
들어온다, 울렁거리는 속, 토할 수 없다

자아의 내면의 부패는 외부의 부패로부터의 감염의 결과인 것이다. 그 감염은, 토하려 해도 토할 수 없게 강제적으로 진행되는, 거부할 수 없는 감염이다. 그러니까,

병이라는 걸 모르는 내 몸 안엔 풀 한 포기
자라지 않고 나는, 병들었다 외부로부터, 아니다
—「내 몸 안의 창고」에서

라는 진술이 가능해진다. 그러나 조현석은 '나는 외부로부터 병들었다'라는 진술에 바로 이어서, '아니다'라고 말한다.

그게 아니다 언제인가부터 귀멀게 눈멀게 하는
죽고 있는 땅에 나는 발을 들여놓고 말았다
낙후된 공장지대, 한복판에 서게 된
변화를 요구하는 나의 몸, 그러나 불안에 떠는,

발목을 붙잡혀 움직이지 못하고
시도때도 없이 폐수와 매연을 집어삼키어
거르지 못하고 곳곳으로
내뿜기 시작했다, 지칠 줄 모르고

외부의 부패로부터의 감염이 어느 정도 이상으로 진행된 뒤로는 '나'의 내부 또한 역으로 외부에 대한 감염원으로 작용하게 되는 것이다. 그러니까 외부의 부패와 내부의 부패는 서로 얽혀 상호 침투하게 된다. 조현석의 시는 그 상호 침투의 모습을 박진하게 묘사할 때 힘을 얻는다.

그 상호 침투 속에서 조현석은 안과 밖의 구분을 해체한다.

안과 밖을 바꾸어도
그 주머니가 그 주머니다.

—「주머니 많은 옷」에서

라는 진술은 단순한 재치의 소산이 아니라 후기 자본주의사회의 전일적이고 보편적인 사물화 과정의 폭력성에 대한 인식으로부터 비롯되는 쓰디쓴 진술인 것이다.

III

조현석은 90년대의 새로운 젊은 시인들 속에서 확실한 자기 위상을 마련하고 있다. 돌아보면, 90년대의 새로운 젊은 시인들은, 87년 이후의 한국 사회의 변화와 90년 이후의 세계사적 변화가 뚜렷이 가시화되고 그 변화에 대한 새로운 문화적 대응이 급격히 확산되는 가운데 그 변화에 맞서 치열한 시적 모색을 행해 왔다.

이들은 80년대 말의 이른바 '도시적 서정'의 경쾌 / 경박과 민족주의적 감상주의(혹은 감상주의적 민족주의)의 순진성 / 시대착오성을 넘어서서, 후기 자본주의적 현상과 포스트 모더니티의 심층에 대한 의식적 대응을 공분모로 하면서, 현실을 삶과 세계의 의미의 붕괴로 파악하고 그 현실을 부정하며 의미의 재구축을 위한 근거를 탐색한다. 이들 가운데서 조현석 나름의 위상은 그의 내성의 사회적 맥락과 실존적 맥락의 독특한 성격으로부터 확보되고 있다.

말하자면 이렇다. 87년 이후 한동안 유행한 도시적 서정이라는 것은 대부분 서정이라는 이름 아래 후기 자본주의적 삶에의 무력한 함몰을 보여주었다. 거기에는 현상에 대해 추수적이고 순응적인 이데올로기가 알게 모르게 개재되어 있다고 할 것이다. 그 추수적이고 순응적인 이데올로기는 오늘날 한국 사회에서 사물화 현상과 억압체계에의 자발적 편입을 극단적 형태로 수행하고 있는 중산층의 이데올로기가 무반성으로 표출된 것이라는 혐의로부터 자유로울 수 없다. 문제는 후기 자본주의적 삶에 대한 부정의 상상력을 얼마나 역동적으로 펼칠 수 있는가 하는 데 있다.

이 점에서 조현석의 '반성적 내면 지향과 부정의 시학'은 귀중한 가능성으로 주목될 만하다. 다만 그의 시에는 그 부정성이 일종의 실존주의적 왜곡을 입어 사회성을 실존성으로 환원시키며 단순한 비관성으로 변질 되어버릴 위험이 잠재되어 있는 것 같다. 그 위험으로 추락하지 않기 위해서는 자신의 시적 탐구에 더 집중력을 부여하고, 자신의 위상을 고정된 자리로 여기지 않고 그 자체를 역동적인 것이 되도록 노력해야 하리라 생각된다.

첫 시집을 내는 젊은 시인의 열린 가능성을 음미하며 글을 맺기로 하자.

현대시세계 시인선 005

에드바르트 뭉크의 꿈꾸는 겨울 스케치

지은이_ 조현석
기획위원_ 고영 · 박후기
펴낸이_ 조현석
펴낸곳_ 북인
디자인_ 김왕기

1판 1쇄_ 2012년 03월 22일
출판등록번호_ 313-2004-000111
주소_ 121-842 서울 마포구 서교동 467-4, 301호
전화_ 02-323-7767
팩스_ 02-323-7845
ISBN 978-89-97150-09-0 02810

책값은 뒤표지에 있습니다.
저자와 협의 아래 인지를 생략합니다.